100

ejercicios de

ESPAÑOL

A1-A2

VALERIA NOVELLIERE

Índice

1

Acento y división silábica

1. Divide las palabras del texto siguiente en sílabas.

Ej. Las paredes de mi casa

Las pa|re|des de mi ca|sa

La casa donde creci estaba al lado de un rio. Por fuera era muy simple, pero dentro era grande y luminosa. La fachada era blanca y las ventanas de color azul marino. En la entrada habia mucha variedad de plantas y flores que en primavera se hacian camino, una tras otra, para ver el sol. Junto con mi madre ibamos a recogerlas, a ella le gustaba ponerlas en un jarron verde de cristal, encima de la mesa. Yo pasaba mucho tiempo en mi habitacion, desde ahi cuando llovia miraba el jardin a traves de la ventana y de noche intentaba reconocer las constelaciones en el cielo. A veces me tumbaba en el sofa y escribia cartas a amigos imaginarios, tambien hacia dibujos de acuarelas y luego los dejaba secar debajo del sol.

2. La sílaba tónica de las siguientes palabras está marcada. Coloca el acento gráfico donde sea necesario.

Ej. ¿Pones azucar en el cafe o no?

¿Pones azúcar en el café o no?

La casa donde creci estaba al lado de un rio. Por fuera era muy simple, pero dentro era grande y luminosa. La fachada era blanca y las ventanas de color azul marino. En la entrada habia mucha variedad de plantas y flores que en primavera se hacian camino, una tras otra, para ver el sol. Junto con mi madre ibamos a recogerlas, a ella le gustaba ponerlas en un jarron verde de cristal, encima de la mesa. Yo pasaba mucho tiempo en mi habitacion, desde ahi cuando llovia miraba el jardin a traves de la ventana y de noche intentaba reconocer las constelaciones en el cielo. A veces me tumbaba en el sofa y escribia cartas a amigos imaginarios, tambien hacia dibujos de acuarelas y luego los dejaba secar debajo del sol.

3. Coloca el acento en las siguientes palabras con hiato y diptongo, donde sea necesario.

1) Decaer	21) Despues
2) Tambien	22) Pausa
3) Pais	23) Maestro
4) Diuretico	24) Aura
5) Moho	25) Oir
6) Huesped	26) Hielo
7) Aurea	27) Campeon
8) Cacao	28) Teatro
9) Bahia	29) Auto
10) Hiena	30) Armonia
11) Vacio	31) Aullido
12) Leon	32) Maiz
13) Aire	33) Fraude
14) Frio	34) Creer
15) Nautico	35) Ataud
16) Pieza	36) Veinte
17) Oasis	37) Grua
18) Camion	38) Europa
19) Habia	39) Murcielago
20) Atraer	40) Peor

4. Coloca el acento en las palabras del siguiente texto donde sea necesario.

Las paredes de mi casa son tan finas que puedo escuchar todas las conversaciones de mis vecinos. El otro día él le preguntó a ella si había visto sus calcetines favoritos y ella le preguntó cuál eran, porque no sabía que tenía unos calcetines favoritos. Entonces él hizo una pausa y le contestó después de un largo suspiro «¿No sabes cuáles son?» y siguió diciéndole que eran los que le había regalado su madre para Navidad. Eran los que llevaban una ola de mar dibujada y unas gaviotas a la altura del tobillo. Ella se echó a reír y luego silencio. Escuché pasos que se alejaban y luego otra vez volvían a estar cerca y dijo ella «¿Son estos? ¡Pensaba que eran del niño!».

2

Sustantivos:
Género, número y concordancia

5. Indica si los siguientes sustantivos son masculinos (M) o femeninos (F)

1) Pan	13) Campo	25) Agua
2) Bolígrafo	14) Vaso	26) Libro
3) Tienda	15) Cama	27) Sofá
4) Día	16) Hoja	28) Miel
5) Casa	17) Águila	29) País
6) Pelo	18) Taza	30) Flor
7) Árbol	19) Nariz	31) Película
8) Leche	20) Playa	32) Tablet
9) Mochila	21) Horno	33) Comida
10) Tenedor	22) Mes	34) Lápiz
11) Ordenador	23) Sal	35) Músico
12) Semana	24) Calle	36) Música

6. Cambia el género de los sustantivos subrayados.

Ej. Mi amigo lee muchos libros. AMIGA

1) El padre de Ramón viaja mucho.

2) Hoy he conocido a una actriz famosa.

3) Su profesor explica bien y sabe mucho.

4) A Lola le gusta dibujar, es una verdadera artista.

5) Mañana la reina viajará a Japón.

6) El doctor de Pablo siempre está disponible.

7) Isabel es mi tía favorita, es muy simpática.

8) Es un hombre mayor pero está en forma.

9) Trabaja en la oficina, pero su profesión real es pintora.

10) Andrea ha ayudado a un señor a llevar la compra.

11) Soy cliente de esa compañía desde enero.

12) La suegra de Miguel es muy maja.

13) En ese castillo vivía un conde muy joven.

14) Alba ya es abuela, tiene un nieto de 4 años.

15) Vanesa de mayor quiere ser periodista.

16) A Mónica le han regalado una muñeca.

17) Ayer vi el concierto de un pianista extraordinario.

18) Mi primo Esteban es policía en Madrid.

7. Indica el plural de los sustantivos subrayados.

Ej. El hijo de Juan es rubio. HIJOS

1) La pared del baño tiene moho.

2) La gente va a la playa muy temprano.

3) Cada mañana espera su autobús en la esquina.

4) Buenos Aires es una ciudad preciosa.

5) Es un jardín hermoso, tiene muchas flores.

6) Aprende muy rápido, sin ninguna dificultad.

7) Este zumo es muy sano, no tiene azúcar.

8) Es muy creyente, siempre habla de dios.

9) He perdido mi lápiz, ¿me prestas uno?

10) El lunes voy a la playa de vacaciones.

11) Marcos de mayor quiere ser juez.

12) Me gustan los frutos secos, especialmente la nuez.

13) Natalia tiene un sofá rojo muy bonito.

14) Jorge ha ido a vivir solo en un dúplex.

15) ¿Qué hora es? Mi reloj está roto.

16) Alberto se ha caído y ahora le duele el pie.

17) De pequeño tenía un pez rojo.

18) Rosa ha tenido una crisis de ansiedad, pero ahora está bien.

8. Transforma las frases al plural, prestando atención a la concordancia de género y número.

Ej. El hijo de Juan es rubio.

LOS HIJOS de Juan SON RUBIOS.

1) La novela es muy larga y aburrida.

2) Mi tío viene a visitarme y me trae un regalo.

3) Tomo un café amargo y una tostada.

4) El vestido rojo le sienta muy bien.

5) Me ha tocado un ejercicio difícil en el examen.

6) Le gusta que le regalen una flor amarilla.

7) La película que vi anoche me gustó mucho.

8) Cuando fui a Kenya vi un grande elefante.

9) El piso que compramos tiene ventana y balcón.

10) Para convivir bien hay que seguir una norma.

11) Beber un vaso de agua al despertar es saludable.

12) El árbol de mi jardín está muy alto y frondoso.

13) Miro una película nueva cada semana.

14) Cada semana escribo un correo a mi amigo.

15) El libro que he prestado a Camila es muy voluminoso.

16) La cama de este hotel es bastante cómoda.

3

Artículos

9. Indica el artículo definido para cada palabra.

Ej. __ vela. LA/UNA

1) __ libros
2) __ pan
3) __ tazas
4) __ lámpara
5) __ bolígrafos
6) __ agua
7) __ hueco
8) __ móvil
9) __ cristales
10) __ arte
11) __ luna
12) __ huevo
13) __ sofás
14) __ águila
15) __ armarios
16) __ sal
17) __ calle

18) __ café
19) __ lluvia
20) __ flores
21) __ tigre
22) __ espejo
23) __ mesas
24) __ policías
25) __ inglés
26) __ manzanas
27) __ raíz
28) __ cuerpo
29) __ dinero
30) __ leche
31) __bolso
32) __nariz
33) __ harina
34) __coches

10. Completa las frases con el artículo definido y/o indefinido adecuado.

Ej. __ escuela es grande. LA

1) Son __ doce y cuarto

2) A Carmen le gusta __ vestido que llevas.

3) Mi hermana ha comprado __ flores.

4) Manuel está con __ señor García.

5) Lo bueno de vivir aquí es __ clima.

6) __ 50% del ejercicio está mal hecho.

7) A __ 25 años ya era dueña de su primera empresa.

8) No me interesa __ política extranjera.

9) Luis me recomendó __ película de su país.

10) Cada día Esther me envía __ correos.

11) ¿Quién es __ nuevo jefe del departamento?

12) __ nuevo móvil de José es chino.

13) Silvia trabaja en __ supermercado, es cajera.

14) __ equipo preferido de Roberto es __ Barça.

15) Cristina está leyendo __ último libro de Stephen King.

16) Patricia quiere empezar __ nueva vida.

17) He ganado __ viaje para dos, ¿quieres venir?

18) Madrid es __ grande ciudad.

11. Completa las siguientes oraciones con el artículo adecuado cuando sea necesario.

Ej. Ha publicado __ nueva canción. UNA

1) Claudia siempre lleva __ camisas de lino.

2) He probado __ vino que nos has regalado.

3) __ listo de Cristóbal engañó a todos.

4) __ jueves vamos todas al cine, ¿te vienes?

5) Compra__ libros de ejercicios para practicar.

6) Me gusta mucho vivir en __ Bilbao.

7) __ Bilbao de los años Noventa era muy diferente.

8) ¿Me ha llamado __ Andrés?

9) El anuncio dice: "Se busca __ informático".

10) He comprado __ libro muy interesante.

11) Inés siempre lleva __ ropa de color rojo.

12) Cada sábado Rubén y sus amigos comen __ pizza.

13) __ pizza con queso es mi comida favorita.

14) Cristian está enfermo, tiene __ fiebre.

15) Abrimos la tienda en __ 1990.

16) Daniel ha derramado __ vino sobre mi vestido.

17) Melissa nació en __ enero.

18) Siempre ha querido comprar __ Dalí.

12. Completa con el artículo adecuado cuando sea necesario (Hay/Está-Están).

Ej. Aquí están __ zapatos. **Los**

1) ¿Hay __ agua en el frigorífico?

2) Están __ amigos de Pablo en el jardín.

3) Hay __ mucha preocupación por las protestas.

4) En la mesa están __ libros que me has prestado.

5) __ jefe está en el despacho para una reunión.

6) Ya no hay __ errores en tu ejercicio, ¡bravo!

7) No hay __ viento hoy, podemos salir a correr.

8) __ plaza está llena de turistas, es alta temporada.

9) En el cine solo hay __ películas de terror, ¿te gustan?

10) Los padres de Miguel están de visita en __ Sevilla.

11) __ ordenador nuevo está en el escritorio.

12) Está __ calle llena de hojas, es bonito el otoño.

13) Está aquí __ electricista para reparar el contador.

14) ¿Sabes dónde están __ llaves de la oficina?

15) Hay __ apuntes en mi cuaderno, ¿son tuyos?

16) Están __ invitados esperando en el salón.

17) Hay __ recuerdos que no puedo olvidar.

18) ¿Están __ maletas listas? El avión sale a las 10.

4

Adjetivos:
Género, número y concordancia

13. Cambia de género los siguientes adjetivos.

Ej. Simpático **Simpática**

1) Grande	13) Agradable	25) Caliente
2) Inglés	14) Peligroso	26) Delgado
3) Fácil	15) Oscuro	27) Horrible
4) Largo	16) Cosmopolita	28) Corto
5) Ágil	17) Fértil	29) Dulce
6) Japonés	18) Precioso	30) Italiano
7) Blanco	19) Español	31) Sociable
8) Alegre	20) Sereno	32) Optimista
9) Bueno	21) Encantador	33) Aventurero
10) Fuerte	22) Tranquilo	34) Sensible
11) Canadiense	23) Fascinante	35) Crujiente
12) Aburrido	24) Alto	36) Famoso

14. Cambia de número los siguientes adjetivos.

Ej. Simpático **Simpáticos Simpáticas**

1) Maduro	20) Eficiente
2) Ácido	21) Egoísta
3) Pesimista	22) Exigente
4) Práctico	23) Generoso
5) Blando	24) Gracioso
6) Caducado	25) Hábil
7) Sabroso	26) Gruñón
8) Amargo	27) Hermoso
9) Atento	28) Histérico
10) Atrevido	29) Infantil
11) Apático	30) Interesante
12) Burlón	31) Llorón
13) Celoso	32) Listo
14) Débil	33) Meticuloso
15) Desconfiado	34) Modesto
16) Curioso	35) Orgulloso
17) Directo	36) Paciente
18) Divertido	37) Pensativo
19) Educado	38) Perezoso

15. Completa las frases con el adjetivo correspondiente.

audaces	acogedora	largos y estrechos
húmedo	amplio y luminoso	ambiciosas
Mejores	Imaginativo	amistosa
picantes	independientes	espectaculares
rica	inteligentes	Seca
simpáticos	Soleada	sucias

1) Mis primos de Suecia son muy __.

2) La nueva casa de Virginia es __.

3) Los pasillos del colegio son __.

4) Las arepas de Caracas son las __.

5) La terraza de ese bar es muy __.

6) Las hijas de Enrique son __.

7) La sopa que hiciste anoche estaba __.

8) David de pequeño era __.

9) Los castillos de Alemania son __.

10) El sótano que alquilaste es __.

11) El salón donde nos reunimos era __.

12) Las ventanas de tu casa están __.

13) Las uñas rojas de Luisa son muy __.

14) Mis alumnos son todos __.

15) La gente de esta ciudad suele ser __.

16) A Ana no le sentaron bien los frijoles __.

17) Los nietos de Lola son bastantes __.

18) La ropa que he lavado hoy ya está __.

16. Corrige los adjetivos erróneos presentes en el texto.

La casa donde crecí estaba al lado de un río. Por fuera era muy simple, pero dentro era grande y luminoso. La fachada era blancas y las ventanas de color azul marino. En la entrada había muchas variedad de plantas y flores que en primavera se hacían camino, una tras otra, para ver el sol. Junto con mi madre íbamos a recogerlas, a ella le gustaba ponerlas en un jarrón verdes de cristal, encima de la mesa. Yo pasaba mucha tiempo en mi habitación, desde ahí cuando llovía miraba el jardín a través de la ventana y de noche intentaba reconocer las constelaciones en el cielo. A veces me tumbaba en el sofá y escribía largos cartas a amigos imaginario, también hacía dibujos de acuarelas y luego los dejaba secar debajo del sol.

5

Pronombres personales sujeto y objeto directo e indirecto

17. Indica el pronombre sujeto adecuado para cada oración.

1) Para la cena de Navidad, ¿qué quieres comer __?

2) __ necesito dormir ocho horas al día.

3) __ siempre se pone botas cuando llueve.

4) ¿Prefiere __ habitación doble o individual?

5) __ elegimos ir de vacaciones a Cuba.

6) __ han preferido ver la película de las 19:00.

7) __ creo que hay que comer sano.

8) ¿ __ venís a la fiesta mañana?

9) Con una sola mirada __ lo entiende todo.

10) Ha decidido __ trabajar el fin de semana.

11) __ escribieron el artículo sobre los idiomas.

12) ¿Llamas __ para reservar la mesa?

13) __ saben que el pago es por adelantado.

14) El culpable de todo es __.

15) ¿Qué deporte hacéis __?

16) Tengo __ las llaves de tu casa.

17) ¿Quiere __ que entreguemos el paquete hoy?

18) __ hemos organizado la reunión del lunes.

18. Transfroma las siguientes oraciones indicando el pronombre complemento directo o indirecto, como en los ejemplos.

Ej. Desear un libro   Desear**lo**

Ej. Disgustar a él   **Le** disgusta

1) Cambiar la historia
2) Devolver a ella
3) Robar las joyas
4) Invadir la casa
5) Preocupar a ti
6) Interesar a mí
7) Adorar la música
8) Gustar a vosotras
9) Pedir un favor
10) Ganar una medalla
11) Obedecer a ellos
12) Querer un coche
13) Pedir a vosotros

14) Llevar pantalones
15) Preferir el avión
16) Importar a ustedes
17) Esperar la hora
18) Seguir a nosotros
19) Impresionar a ellas (sujeto: la película)
20) Dejar las llaves
21) Molestar a él (sujeto: el ruido)
22) Observar el cielo
23) Animar a nosotras
24) Perseguir a él

19. Indica el pronombre complemento directo o indirecto para cada oración.

Ej. ¿Has comprado el pan? Sí, **lo** he comprado.

1) -¿Has mirado el reloj? -Sí, __ he mirado.

2) ¿Hablas con las plantas? Yo __ hablo a menudo.

3) Compro manzanas, hace mucho que no __ como.

4) -¿Has visto mi nuevo sofá? –No, ¿me __ enseñas?

5) ¿Quién ha hecho este dibujo? Es bonito, __ quiero.

6) ¿Estudiamos los artículos? __ piden en el test.

7) ¿Les has dado agua a los árboles o __ riego yo?

8) Probaron el sushi el otro día, __ gusta mucho.

9) -¿Has roto tú la ventana? –Sí, __ he roto yo.

10) Estoy sin paraguas, no__ llevo hoy.

11) -¿Ha pagado las facturas? –Sí, __ ha pagado.

12) -¿Has estado en Chile? –No, __ quiero visitar.

13) Te presento a mis amigos, o ¿ __ conoces ya?

14) Le da mucho valor al dinero, el resto no __ importa.

15) -¿Te proponen una oferta? -No, se __ propongo yo.

16) Los ejercicios están mal, ¿por qué no __ repites?

17) Compra muchos bolsos de marca, __ colecciona.

18) Tenemos un hijo de 20 años, aún no __ conoces.

19) Mis padres son muy ansiosos, __ preocupa todo.

20) Me pide explicaciones, pero no se __ merece.

20. Encuentra los complementos directos e indirectos en el texto.

Ej. <u>Le</u> aconsejó

Las paredes de mi casa son tan finas que puedo escuchar todas las conversaciones de mis vecinos. El otro día él le preguntó a ella si había visto sus calcetines favoritos y ella le preguntó cuál eran, porque no sabía que tenía unos calcetines favoritos. Entonces él hizo una pausa y le contestó después de un largo suspiro «¿No sabes cuáles son?» y siguió diciéndole que eran los que le había regalado su madre para Navidad.

6

Demostrativos

21. Agrupa los demostrativos según los adverbios de lugar de referencia.

Ej. Aquí: ESTOS

aquel, estos, esa, esta, eso, aquellas esas, aquella, esto, aquello, esos, este, aquellos, ese, estas

Aquí:

Ahí:

Allí:

22. Indica el demostrativo para cada sustantivo.

Ej. (Aquí) puerta   ESTA puerta

(Aquí) casa	(Allí) farolas	(Ahí) moto
(Ahí) pez	(Allí) camión	(Aquí) gatos
(Allí) calles	(Aquí) bancos	(Allí) naranja
(Aquí) perro	(Ahí) hojas	(Ahí) lápices
(Ahí) flor	(Allí) estrella	(Aquí) libro
(Allí) tazas	(Ahí) café	(Ahí) cenas
(Aquí) sillón	(Aquí) gafas	(Allí) cuadro
(Ahí) vasos	(Allí) abrigo	(Aquí) pizzas

(Allí) viaje	(Aquí) sopa	(Aquí) cortina
(Ahí) cojines	(Ahí) letras	(Allí) jardín
(Aquí) música	(Allí) velas	(Allí) canción
(Allí) terraza	(Aquí) oficina	(Aquí) días
(Ahí) móviles	(Allí) flan	(Ahí) sillas
(Ahí) masaje	(Ahí) museo	(Allí) maleta
(Allí) clases	(Aquí) película	(Aquí) manta
(Aquí) lunes	(Ahí) meses	(Ahí) vinos
(Ahí) textos	(Allí) helado	(Ahí) receta
(Allí) mesas	(Aquí) escuela	(Aquí) pared
(Aquí) vestido	(Ahí) parada	(Aquí) playas
(Ahí) ratón	(Allí) bares	(Ahí) estufa

23. Completa las siguiente oraciones según las indicaciones.

(Aquí)

1) __ no es una cita romántica, solo es trabajo.
2) ¿Qué es __? Parece un taladro, ¿no?
3) No he comprado yo __ bizcocho, pero me encanta.
4) __ que acabo de decir es verdad.
5) El mando de la televisión es __.
6) __ mañana me voy a esquiar.
7) __ son los mejores calamares que he comido.
8) __ supermercado es el más barato.

9) Quiero comprarme __ gafas.

10) Graciela usa __ perfume desde hace años.

11) ¿De quién son __ cartas?

12) Te recomiendo __ libros para practicar la gramática.

(Ahí)

13) __ coches de ahí, están bloqueando el tránsito.

14) __ amigas mías conocen a Roberto.

15) Mariela está muy guapa con __ pendientes.

16) Quiero probarme __ vestido rojo.

17) No te creas __ tonterías que ha dicho Juan.

18) Mira ahí, __ flores me las ha regalado Iván.

19) __ cumpleaños fue muy especial para mí.

20) ¿Quieres ayuda con __ bolsas que llevas?

21) __ taza sucia lleva ahí en la mesa todo el día.

22) Vamos a hacer una excursión a __ montañas.

23) ¿Quieres comprar __ abrigo? Es muy largo.

24) Te he visto con __ amiga tuya, ¿cómo se llama?

(Allí)

25) ¿Crees que con ___ nubes va a llover?

26) Quieren cambiar su habitación por __ de allí.

27) __ campo de allí es donde jugamos a fútbol.

28) Voy a seguir __recetas para comer más sano.

29) ¿Te acuerdas de __ historia que nos contó Paula?

30) ¿Has visto __ aviones? Vuelan muy cerca.

31) __ uvas ya han madurado, ¿habéis visto?

32) ¿Qué es __ que escondéis allí?

33) No me olvido de __ consejo que me diste hace mucho tiempo.

34) ¿Cuál era __ calle donde vivía hace años?

35) Aún no puedo dormir por __ películas de terror.

36) ¿__ maleta allí no es la mía?

24. Formula diez oraciones utilizando los demostrativos para referirte a los objetos que te rodean.

_____

_____

_____

_____

_____

_____

_____

_____

_____

_____

7

Comparativos y superlativos

25. Completa las oraciones con el comparativo de igualdad.

Ej. Gloria es delgada. Andrea es delgada también.

Gloria es tan delgada como Andrea.

1) Gabriel es joven. Ángel también es joven.

2) Mi hijo come cinco veces al día. Su hijo también.

3) Ana es alta 1,70 cm. José es alto 1,70 cm.

4) El nieto de Adela es listo. El nieto de Ruth también.

5) Toni come dos naranjas. Ariel come dos naranjas.

6) Mi profesor es muy exigente. Tu profesor también.

7) La casa del Raúl es grande. La casa de Paco también.

8) Yo trabajo todos los días. Tú también.

9) Mi móvil saca buenas fotos. Tu móvil también.

10) Rita bebe tres cafés al día. Julia también.

11) Mi abuelo tiene 83 años. Tu abuelo también.

12) Su coche va muy rápido. Tu coche también.

13) Sara es muy inteligente. Cristina también.

14) Mi lista de la compra es muy larga. Su lista también.

26. Completa las oraciones con el comparativo de inferioridad y superioridad (más/menos que/de).

   Ej.   Come ____ sano ____ nosotros.
          Come **MÁS** sano **QUE** nosotros.

   1) No hay __ __ treinta personas en el concierto.

   2) ¿Tenéis __ experiencia __ nosotros?

   3) Conoce esta ciudad __ __ un guía.

   4) Esteban estudia __ __ Miguel.

   5) No tiene __ __ veinte años.

   6) Tengo __ trabajo ahora __ el año pasado.

   7) Sonia cocina __ rico __ su hermana.

   8) Hay __ __ dos botellas de agua en el frigorífico.

   9) No tengo __ __ quince minutos para la reunión.

   10) Ellos saben de historia __ __ tú.

   11) La tarta de chocolate es __ sabrosa __ la de nata.

   12) ¿Hace __ calor en Madrid __ en Sevilla?

   13) Explica todo en __ __ dos minutos.

   14) ¿No tenéis __ __ diez euros?

   15) Lolo es __ simpático __ Tomás.

   16) La niña come __ __ hace unos días.

   17) Mi perro es __ viejo __ el tuyo.

   18) Tenemos __ __ dos hijos.

27. Cambia el adjetivo de grado positivo en el comparativo de superioridad correspondiente.

Ej. Mi hermano es grande como tú.

Mi hermano es mayor que tú.

1) Él es mi hermano pequeño.

2) Valentín es tan sabio como su abuelo.

3) Marcos es tan inteligente como Cristóbal.

4) Mi profesora es tan buena como la tuya.

5) Este balcón es tan soleado como el otro.

6) Tus padres son tan atentos como los míos.

7) Mi calle es tan transitada como la tuya.

8) Esta película es tan interesante como la otra.

9) Jorge es serio tanto como tú.

10) Su libro es tan malo como el mío.

11) Marcela es tan aventurera como Cristina.

12) Esta boda es tan aburrida como la nuestra.

13) Mi alumno es tan disciplinado como el suyo.

14) Ese castillo es tan antiguo como este.

15) El hijo de Estela es tan gracioso como el de Ruth.

16) Esta serie es tan animada como la otra.

17) La mesa de Victoria es tan larga como la tuya.

18) Aquel actor es tan guapo como este.

28. Cambia el grado de los adjetivos en los superlativos correspondientes.

Ej. Esta es una grande oportunidad.

Esta es la máxima oportunidad.

1) Se trata de un detalle pequeño.

2) Aquí el mar es profundo.

3) La película ha sido entretenida.

4) Tu presentación del libro ha sido buena.

5) El viaje ha sido largo.

6) La clase ha sido aburrida.

7) La gasolina aquí es barata.

8) La terraza del bar es soleada.

9) Ese árbol es alto.

10) La sal que he puesto es poca.

11) Los comentarios que recibo son útiles.

12) Las zapatillas que llevas son viejas.

13) La casa de Pedro es antigua.

14) La comida nos ha salido cara.

15) Ha sido una cena mala, lo siento.

16) El agua que bebes es mucha.

17) El perro de Daniel es inquieto.

18) Las flores que te ha regalado son frescas.

Posesivos átonos y tónicos

29. Indica los posesivos singulares correspondientes.

Ej. Átono yo **mío/mía**

1) <u>Tónico</u>

Yo _____

Tú _____

Él/Ella/Usted _____

Nosotros/Nosotras _____

Vosotros/Vosotras _____

Ellos/Ellas/Ustedes _____

2) <u>Átono</u>

Yo _____

Tú _____

Él/Ella/Usted _____

Nosotros/Nosotras _____

Vosotros/Vosotras _____

Ellos/Ellas/Ustedes _____

30. Transforma las oraciones utilizando un adjetivo posesivo átono.

Ej. María tiene el pelo largo.

Su pelo es largo.

1) Los niños tienen un gato rebelde.

2) Tiene un coche nuevo.

3) Tengo un compañero amable.

4) Vosotros tenéis un casa grande.

5) Tienen unos cuadros de mucho valor.

6) Tenemos un jefe simpático.

7) Tengo una moto vieja.

8) Tenéis el cuarto muy desordenado.

9) Tiene unos ojos expresivos.

10) Tienen los padres jóvenes.

11) Ese bar tiene un café muy rico.

12) Tienes una cara alegre.

13) Tenemos un jardín enorme.

14) Tiene un cuaderno azul.

15) Tienes un sofá cómodo.

16) Tenéis un equipo eficiente.

17) Tengo un reloj feo.

18) Tienen unos alumnos disciplinados.

31. Transforma las oraciones utilizando un adjetivo posesivo tónico.

Ej. Esta es mi tablet.

Esta tablet es <u>mía</u>./ Esta es <u>la mía</u>.

1) Estos son mis pantalones.

2) Esta es su versión.

3) Estas son tus zapatillas.

4) Ese es vuestro coche.

5) Esta es nuestra casa.

6) Esas son sus tareas.

7) Este es mi trabajo.

8) Esas son tus fotos.

9) Estos son sus calcetines.

10) Esa es su manta.

11) Estas son vuestras pizzas.

12) Ese es nuestro curso.

13) Esos son mis compañeros.

14) Este es su dinero.

15) Esa es nuestra clase.

16) Estos son tus libros.

17) Ese es vuestro perro.

18) Esas son sus amigas.

32. Cambia el posesivo tónico a átono en las siguientes oraciones según el ejemplo.

Ej. Me enseñó sus libros.

Me enseñó los libros <u>suyos</u>.

1) Hemos visto tu película.

2) Os enseñamos nuestra casa.

3) Ha recibido mi paquete.

4) He plantado tus semillas.

5) Hemos visitado a vuestra abuela.

6) Ha estudiado todo su curso.

7) ¿Has practicado mis consejos?

8) He escuchado su canción.

9) Miro sus fotografías.

10) Hemos lavado toda tu ropa.

11) He encontrado a vuestros hijos.

12) Tengo sus gafas.

13) ¿Sabes algo de mi chaqueta?

14) Han encontrado nuestras maletas.

15) Hemos comprado tus cuadros.

16) Colecciono todos sus discos.

17) Has leído sus mensajes.

18) ¿Crees a sus mentiras?

9

Indefinidos y cuantitativos

33. 1 Completa con algún, algunas, algunos, algunas.

Ej. Gato   **Algún gato**

1) Mesa	8) Calles
2) Bar	9) Cuaderno
3) Cartas	10) Ruido
4) Plaza	11) Película
5) Niños	12) Plato
6) Viaje	13) Árbol
7) Día	14) Abrigos

33. 2 Completa con mucho, mucha, muchos, muchas.

Ej. Coches **Muchos coches**

1) Agua	8) Peso
2) Páginas	9) Gente
3) Comida	10) Tráfico
4) Ejercicio	11) Cantidad
5) Años	12) Espera
6) Amigas	13) Promesas
7) Días	14) Capítulos

34. Responde a las siguientes preguntas utilizando: algo, nada, alguien, nadie.

Ej. ¿Ha llamado alguien?

No, no ha llamado **nadie**./ Sí, ha llamado **alguien.**

1) ¿Han visto algo raro?

2) ¿Habéis invitado a alguien?

3) ¿Puedo comer algo?

4) ¿Podemos presentarte a alguien?

5) ¿Sientes algo con la anestesia?

6) ¿Vendrá alguien para cenar?

7) ¿Han respondido algo?

8) ¿Se ha apuntado alguien a la conferencia?

9) ¿Han comprado algo?

10) ¿Necesitas algo para la reunión?

11) ¿Habéis encontrado a alguien en el camino?

12) ¿Tengo que llevar algo?

13) ¿Han hablado con alguien?

14) ¿Has recibido algo estos días?

15) ¿Tenemos que preparar algo?

16) ¿Ha ido alguien a tu casa?

17) ¿Han despedido a alguien en tu empresa?

18) ¿Has entendido algo de la clase?

35. Completa las siguientes oraciones con alguno, ninguno o sus variantes.

Ej. Ha venido a visitarme __ veces.

Ha venido a visitarme **algunas** veces.

1) Te he comprado __ botellas de agua.

2) En esa dirección no he encontrado __ oficina.

3) Ya han empezado las rebajas en __ tienda.

4) De __ manera voy a ir a la fiesta.

5) ¿Hay __ esperanza?

6) No queda __ camiseta de tu talla.

7) __ compañeros se quejaron de tanto trabajo.

8) __ día vendrán a visitarnos.

9) No tengo __ idea buena para el proyecto.

10) __ veces me gustaría vivir en una isla desierta.

11) Le han regalado __ vales para el cine.

12) No tienen __ intención de ir tan lejos.

13) ¿Tienes __ tío rico?

14) __ personas se están saltando la cola.

15) Hoy es domingo, __ tienda estará abierta.

16) ¿Tiene __ alergia?

17) __ de estos trabajos me motiva.

18) Esta noche cocinaré __ verduras.

36. Completa las oraciones con mucho, poco, demasiado, otro, todo.

Ej. Ha quedado __ pescado, ¿no te ha gustado?

Ha quedado **mucho** pescado, ¿no te ha gustado?

1) Mejor nos vemos __ día.

2) Hay __ gente en este bar, ¿será porque se come mal?

3) Ha invertido en esa empresa __ sus ahorros.

4) Hay __ luz en este piso, es muy bonito.

5) ¿Quieres __ café?

6) No puedes permitírtelo, es __ costoso.

7) Estamos __ contentos de tu nueva vida.

8) Hay que ponerle __ harina si no, no sale bien.

9) Los vecinos hacen __ ruido.

10) __ las noches hay un concierto diferente.

11) Hay que cortar el vestido, es __ largo.

12) No estoy convencido, tengo __ dudas.

13) Un __ de esfuerzo más y lograrás tus objetivos.

14) Tengo __ esperanza de que vaya bien.

15) Esto es __ lo que tenemos, ¿es suficiente?

16) No lo aguantaba más, gritaba __.

17) Si esta chaqueta no te gusta, compramos __.

18) Está nublado, pero llueve __.

10

Interrogativos

37. Elige el interrogativo adecuado para cada pregunta.

1) ¿**Quién**/Cuándo/Dónde es esa chica?

2) ¿Cuál/Cuándo/Cuánto es el cumpleaños de Ana?

3) ¿Quién/Dónde/Qué película vemos?

4) ¿Dónde/Quiénes/Cuándo están tus padres?

5) ¿Dónde/Qué/Cómo es Miguel?

6) ¿Quién/Cuál/Cuándo empiezas a trabajar?

7) ¿Cuánto/Cuándo/Dónde dura el viaje?

8) ¿Dónde/Qué/Quiénes son esos chicos?

9) ¿Cuál/Dónde/Cómo está mi mochila?

10) Hoy llueve, ¿cuándo/qué/quién vamos a la playa?

11) ¿Cómo/Cuál/Qué se llama tu prima?

12) ¿Quién/Quiénes/Cómo te ha llamado antes?

13) ¿Dónde/Cuándo/Cuánto volvéis a casa?

14) ¿Cuánto/Qué/Quién preparas de comer?

15) ¿Dónde/Cuál/Qué has dejado las llaves?

16) ¿Cuándo/Cuánto/Quién mide tu hija?

17) ¿Cómo/Qué/Cuándo se hace una tortilla?

18) ¿Dónde/Cuál/Cuándo es el último libro que has leído?

38. Indica el interrogativo adecuado para cada pregunta (en algunos casos puedes elegir más opciones).

Ej. ¿__ te llamas?

¿Cómo te llamas?

1) ¿__ es tu número de teléfono?

2) ¿__ viven tus padres?

3) ¿__ tiempo hará mañana?

4) ¿__ es el apellido de Lorena?

5) ¿__ vestido me pongo?

6) ¿__ vamos a comer?

7) ¿__ se saluda en inglés?

8) ¿__ manzanas necesitas para la tarta?

9) ¿__ es tu color favorito?

10) ¿__ empiezan las rebajas?

11) ¿__ son los invitados?

12) ¿__ se encuentra el restaurante?

13) ¿__ perfume usas?

14) ¿__ tardas en llegar al trabajo?

15) ¿__ preparas tú la carne?

16) ¿__ es el autobús que va al centro?

17) ¿__ es el jefe aquí?

18) ¿__ estás? Te espero en el bar.

39. Elige el interrogativo que utilizarías para conseguir estas respuestas.

Ej. Juan tiene 23 años. **¿Cuántos?**

1) Ese chico se llama Roberto.

2) María tiene tres hermanas.

3) Me voy de vacaciones a Rusia.

4) La reunión es a las cinco.

5) Prefiero la camiseta azul.

6) Me gusta el café muy amargo.

7) Por la tarde voy al cine.

8) Ha comprado dos entradas para el concierto.

9) El libro está en tu mesa.

10) Conduce muy despacio.

11) He puesto 50 gramos de sal.

12) Te aconsejo que bebas dos litros de agua al día.

13) Ha invitado a todos sus amigos.

14) La semana que viene vais al dentista.

15) Nos encanta la película de Almodóvar.

16) Han esperado dos horas.

17) La maleta está en el coche.

18) Mañana te invito a cena.

40. Formula las preguntas correspondientes para cada respuestas a continuación.

Ej. Me llamo Dolores.

¿Cómo te llamas?

1) Hugo tiene 8 años.
2) La conferencia es el lunes.
3) Mi hermano está mejor, se está recuperando.
4) Tu bolso está en el sofá.
5) Necesitamos un bolígrafo.
6) Yo pienso que Lucía es muy simpática.
7) La biblioteca cierra a las 20:00.
8) El abrigo marrón cuesta ciento cincuenta euros.
9) La cafetería está en la plaza.
10) Tenemos tres hijos.
11) Sofía llega esta tarde.
12) Tengo un móvil de última generación.
13) Mis padres viven en Suiza.
14) El museo abre a las 10:00.
15) Voy al teatro en metro.
16) La obras terminan en julio.
17) Me dedico a la enseñanza, soy profesor.
18) La habitación doble vale ochenta euros.

11

Cuantificadores

41. A continuación subraya los cuantificadores.

1) Hay **poca** comida para treinta personas.

2) Nieva mucho en la montaña.

3) A veces habla demasiado.

4) Se nota que ha estudiado mucho.

5) Han comprado suficiente vino para todos.

6) Encuentro el menú muy caro.

7) Los viernes salgo pocas veces.

8) ¿Está cantidad va bien o es demasiado?

9) Me ha escrito un texto muy largo.

10) Tienen muchos libros de filosofía.

11) No hay suficiente luz, ¿puedes abrir la ventana?

12) Me gusta mucho mirar la televisión.

13) Estamos muy cansados por el viaje.

14) La película ha durado poco.

15) Este café es suficiente para despertarte.

16) Me he abrigado demasiado, ahora tengo calor.

17) No suele leer muchas noticias.

18) ¿No crees que es muy simpática?

42. Señala si *mucho* tiene valor de adverbio o de adjetivo.

Ej. Sueño mucho. ADV

Muchos colores. ADJ

1) Duermo mucho.

2) Hay muchas flores.

3) He comido mucho.

4) Se ve mucha gente.

5) Viaja mucho.

6) He puesto muchas luces.

7) Ha estudiado mucho.

8) Han pasado muchos años.

9) He bebido mucho café.

10) Ha comprado muchos libros.

11) He entendido muchas cosas.

12) Ha invertido mucho.

13) Ha esperado mucho tiempo.

14) Ha cocinado mucho.

15) Ha preparado muchos platos.

16) No me ha dado muchos detalles.

17) Se merece mucho.

18) Me ha dado muchos besos.

43. Completa las siguientes oraciones con *muy* o *mucho/mucha/muchos/muchas*.

1) Siempre come __ dulces.

2) Pareces __ preocupado.

3) He gastado __ dinero.

4) Le he llamado __ veces.

5) Son personas __ respetuosas.

6) No le quedan __ vacaciones.

7) Es una persona __ alegre.

8) Hay que esperar __ horas.

9) El tiempo hoy es __ bueno.

10) No entiendo __ lo que quieres decir.

11) Creo que la entrevista ha ido __ bien.

12) A veces se enfada __.

13) Los pisos de este barrio no son __ baratos.

14) Estará __ ocupada, no contesta al teléfono.

15) He recibido __ cartas estos días.

16) Me gusta __ el verano.

17) Llegarán __ tarde.

18) Pienso que es un problema __ complicado.

44. Algunas de las siguientes oraciones son incorrectas. Corrígelas cuando sea necesario.

1) ¿Has tomado muy café hoy?

2) No es muy bonito, pero cumple con su función.

3) No se siente mucho bien, se irá a casa.

4) Tengo que rellenar muchas papeles.

5) Vuelve muy a su pueblo.

6) Es muy temprano, ¿qué haces despierto?

7) Es una historia mucho larga, ya te la contaré.

8) Hace mucho tiempo leí este libro.

9) Luis es un chico mucho alto.

10) Ha girado el mundo, conoce muchos países.

11) Te enviaré muchos fotos del viaje.

12) Necesitamos una persona muy responsable.

13) Hemos visto muy veces esta película.

14) Mi móvil no funciona mucho bien.

15) Para registrarte necesitan muchos datos.

16) Hace muy ejercicio para mantenerse en forma.

17) Hablan muy bien francés.

18) Os gusta mucho este restaurante, ¿verdad?

12

Numerales

45. Escribe las cifras de los siguientes números.

Ej. Veinte **20**

1) Catorce

2) Nueve

3) Veinticuatro

4) Treinta y ocho

5) Diecinueve

6) Once

7) Cincuenta y cinco

8) Ciento sesenta y siete

9) Quinientos

10) Trece

11) Doscientos veintidós

12) Ochenta y cuatro

13) Trescientos veintiseis

14) Setecientos cuarenta y cinco

15) Noventa y ocho

16) Cuatrocientos dieciséis

17) Quinientos sesenta

46. Realiza la suma y escríbela en letras.

Ej. Tres más dos son   CINCO

1) Cinco más ocho son

2) Once más trece son

3) Diecisiete más cinco son

4) Veinte más siete son

5) Treinta y dos más quince son

6) Cuarenta más veinticinco son

7) Cincuenta y tres más treinta y cuatro son

8) Ochenta y dos más doce son

9) Sesenta y siete más veintidós son

10) Noventa y nueve más setenta son

11) Ciento veinte más nueve son

12) Doscientos diez más veinticinco son

13) Quinientos más cuarenta y cuatro son

14) Ochocientos sesenta más ciento veinticinco son

15) Setecientos treinta y tres más sesenta y cinco son

16) Novecientos veinte más dieciocho son

17) Seiscientos cincuenta más doscientos son

18) Cuatrocientos ochenta más setenta y dos son

19) Setecientos veinte más ciento veinticinco son

20) Trecientos catorce más doscientos treinta son

21) Ochocientos cincuenta y siete más noventa son

47. Escribe las siguientes cifras en letras.

Ej. 345   TRESCIENTOS CUARENTA Y CINCO

1) 17

2) 39

3) 67

4) 59

5) 82

6) 44

7) 96

8) 127

9) 152

10) 188

11) 229

12) 362

13) 541

14) 723

15) 955

16) 636

17) 785

18) 814

19) 943

20) 496

21) 584

48. Completa con los números ordinales.

Ej. uno   PRIMERO

1) Uno

2) Dos

3) Tres

4) Cuatro

5) Cinco

6) Seis

7) Siete

8) Ocho

9) Nueve

10) Diez

11) Once

12) Doce

13) Trece

14) Catorce

15) Quince

16) Dieciséis

17) Diecisiete

18) Dieciocho

19) Diecinueve

20) Veinte

13

Relativos

49. Selecciona el relativo adecuado.

Ej. Necesito el libro **que**/cual/quien te he prestado.

1) Me gusta la película que/cuyo/quien me has aconsejado.

2) He vuelto al restaurante que/donde/cuando celebraste tu cumpleaños.

3) ¿Cuál es el cine donde/cual/que te recomendó Leo?

4) Esta es la tienda quien/que/cuyo dueño es Víctor.

5) ¿Ese es el chico que/quien/cual te invitó a salir?

6) El presidente, cuales/cuyas/que hermanas son amigas mías, nos ha invitado a la ceremonia.

7) Ángela es la chica que/cuya/donde me manda muchos mensajes.

8) Nosotros vamos al mismo hotel donde/que/cuando tú.

9) Mercedes dirá el sitio que/cuando/donde nos encontramos.

10) Isabel, cuya/que/quien madre es una famosa escritora, odia leer libros.

50. Une las dos frases con los relativos.

Ej. Han visto un coche. El coche es muy grande.

Han visto un coche **que** es muy grande.

1) He encontrado un gato. El gato es negro.

2) Hoy he hecho esta tarta de manzana. ¿Os gusta?

3) Habéis visto un documental de historia. Es muy interesante.

4) He comprado un coche nuevo. Va muy rápido.

5) La vecina de arriba tiene un perro. El perro es pequeño.

6) Vamos a una heladería. La heladería se encuentra cerca de la estación.

7) Esta tarde van a ver una película. Esa película ha ganado un Óscar.

8) Me has preparado una taza de leche. Está muy caliente.

9) Han enviado un archivo a través del correo. No se puede abrir porque está dañado.

10) Ha decorado una casa. La casa es de un actor famoso.

11) He encontrado a un chico. Es tu amigo.

12) Julián ha cogido un tren. El tren lleva un retraso de treinta minutos.

13) Ha comprado un móvil online. El móvil no funciona.

51. Completa las siguientes oraciones con los relativos adecuados.

Ej. Hemos visitados el piso __ me gusta.

Hemos visitados el piso **que** me gusta.

1) Este es el bar __ sale en la revista.

2) Aquí es __ venimos cada año de vacaciones.

3) Valentín es la persona __ puede ayudarte.

4) Marina, __ novio es guía turístico, viaja mucho.

5) Estamos en la plaza__ se rodó una famosa película.

6) Voy a probar la tarta __ has hecho tú.

7) Marcelo, __ notas son muy altas, ha ganado una beca.

8) Ese es el escenario __ realizarán el concierto.

9) Este es el libro __ me regaló mi profesor.

10) Llegó a la misma hora __ su padre.

11) Han decidido volver __ se conocieron hace veinte años.

12) He probado unos caramelos __ son muy buenos.

13) Vamos a leer el poema __ escribiste.

14) Voy a estrenar la bufanda __ me has regalado.

15) Les encanta el jardín __ nos has llevado.

16) El piso, __ dueños viven fuera, está en alquiler.

52. Completa las siguientes oraciones con la forma del relativo adecuada.

Ej. La persona (con) ___ he hablado, es mi jefe.

La persona con **la que** he hablado, es mi jefe.

1) Los vecinos (de) ___ me quejo, son ruidosos a todas las horas del día.

2) Los hoteles (a) ___ han llamado, están llenos.

3) El motivo (por) ___ ha venido es el trabajo.

4) La persona (para) ___ escribí la canción, es mi madre.

5) La maleta (con) ___ viajaban, se ha perdido.

6) La amiga (de) ___ te ha hablado, se llama Ana.

7) El partido (para) ___ votaré, es secreto.

8) Los libros (con) ___ estudia, son antiguos.

9) La casa (en) ___ estás interesado, es de mi abuela.

10) Los países (por) ___ ha viajado son cincuenta.

11) La empresa (para) ___ trabajan es muy grande.

12) Los amigos (a) ___ ha invitado, son diez.

13) El bolígrafo (con) ___ escribo, me lo ha regalado mi prima Luz.

14) El día (en) ___ tengo el examen, es mi cumpleaños.

15) La autora (de) ___ que te he hablado, publica un nuevo libro.

14

Verbos Ser y Estar

53. Completa las oraciones con el verbo Ser.

Ej. Fran__aburrido.   Fran ES aburrido.

1) La manzana __ saludable.

2) Las mesas del restaurante __ grandes.

3) Nosotros __ budistas.

4) Santiago __ alto.

5) Tus hijos __ pelirrojos.

6) La reunión __ a las cinco.

7) ¿Pilar y tú __ comunistas?

8) Los libros __ interesantes.

9) El café __ mi desayuno favorito.

10) Ellos __ ingenieros.

11) Las sillas __ blancas.

12) El universo __ sorprendente.

13) Yo __ una persona ambiciosa.

14) Nosotras __ amigas desde pequeñas.

15) Tú __ muy amable con todos.

16) Luisa __ muy trabajadora.

17) Tus padres __ muy modernos.

54. Completa las oraciones con la conjugación adecuada del verbo Estar.

Ej. Verónica __ triste   Verónica **está** triste.

1) El mar estos días __ muy agitado.

2) Las tazas que me regalaste __ rotas.

3) Tus amigos __ contentos por ti.

4) La sopa de verduras __ caliente.

5) La botella de agua __ llena.

6) Nosotros __ esperando al doctor.

7) La comida ya __ en la mesa.

8) Tu ropa del gimnasio __ limpia.

9) Mis compañeras __ en la oficina.

10) Manuel y su novia __ por casarse.

11) Las hermanas de Carla __ en Argentina por motivos de trabajo.

12) Este bolso __ muy de moda ahora.

13) Tú y Sofía __ invitados a la fiesta.

14) He perdido las llaves, __ muy enfadada ahora.

15) Ha llamado tu madre, __ preocupada por ti.

16) Iván y yo __ disfrutando mucho de las vacaciones en Japón.

17) No podemos salir, __ lloviendo fuerte.

18) Las maletas ya __ listas, ¿me ayudas a bajarlas?

55. Completa las siguientes oraciones con *Ser* o *Estar*.

1) Su vestido favorito __ de color rojo.

2) Los niños __ jugando en el jardín.

3) Los amigos de Adriana __ todos extremistas.

4) La tortilla que ha hecho María __ muy rica.

5) El viaje hasta Rusia __ largo, relájate.

6) Los dibujos que has hecho __ bonitos.

7) (Yo) __ esperando noticias de Alejandro.

8) Todas las tallas de esta falda __ agotadas.

9) La mesa que nos gusta __ de madera.

10) Ahora llegamos a casa, __ de camino.

11) Creo que Martín __ una persona agradable.

12) No podemos ver la televisión, __ rota.

13) Cristina estos días __ muy ocupada, trabaja mucho.

14) Las copas que me has regalado __ de cristal.

15) ¿Dónde __ mis pendientes?

16) Tienes unos hijos maravillosos, __ muy educados.

17) Toda la información __ colgada en internet.

18) Gabriel ha preguntado por ti, __ muy interesado.

19) El libro de historia __ en la estantería.

20) ¿__ en casa? Os quiero ver.

21) A las seis de la mañana ya __ de día en verano.

22) La chaqueta __ azul marino, ¿no lo ves?

56. Construye oraciones con Ser/Estar según el ejemplo a continuación.

Ej. Daniel/guapo

Daniel **es** guapo.

1) Los cristales/limpios

2) La cena/lista

3) Las entradas/agotadas

4) Las zapatillas/nuevas

5) Patricia/nerviosa

6) La ropa/seca

7) Las tías de Marcos/simpáticas

8) Las patatas/saladas

9) Mario/cansado

10) Mis ojos/azules

11) Todas las toallas/sucias

12) Los discos/viejos

13) Las posibilidades de ganar/numerosas

14) Andrea/resfriado

15) Las estrellas/luminosas

16) Las flores/amarillas

17) La montaña/lejos de aquí

18) Los deberes/difíciles

15

Presente de Indicativo: regular e irregular

57. Conjuga los verbos en el Presente de Indicativo.

1) Mirar (él) **Mira**

2) Vivir (nosotros)

3) Bailar (ellas)

4) Romper (yo)

5) Permitir (usted)

6) Leer (yo)

7) Hablar (ella)

8) Correr (tú)

9) Prometer (vosotras)

10) Trabajar (ustedes)

11) Decidir (ellas)

12) Responder (él)

13) Partir (nosotras)

14) Dejar (tú)

15) Aprender (yo)

16) Subir (usted)

17) Escuchar (nosotros)

18) Beber (ella)

58. Conjuga los verbos regulares entre paréntesis en las siguientes oraciones.

Ej. Pedro (hablar)___ muy despacio.

Pedro **habla** muy despacio

1) Me gusta mucho cuando (cantar, tú) ___.

2) Las amigas de Bárbara (comer) ___ en la playa.

3) Nosotros (guardar) ___ un gran secreto.

4) Fernando (estudiar) ___ todos los días.

5) Mis padres (vivir) ___ en las montañas.

6) ¿Me (ayudar, tú) ___, por favor?

7) Ellos (decidir) ___ los horarios del evento.

8) ¿Cuándo (llamar) ___ María?

9) Mis abuelos aún se (amar) ___ mucho.

10) Tamara (beber) ___ muchas infusiones.

11) Tus hijos (nadar) ___ muy bien.

12) Está cansada, (trabajar, ella) ___ mucho cada día.

13) ¿Vosotras (dejar) ___ aquí la maleta?

14) Nosotros (pintar) ___ la habitación.

15) Ellos (viajar) ___ a menudo a México.

16) ¿Quién nos (recibir)___ en el hotel?

17) En nuestra familia todos (cocinar) ___.

18) Cada día me (regalar, ella) ___ flores.

59. Conjuga los verbos irregulares en el Presente de Indicativo según el ejemplo.

Ej. Volar (yo)

Vuelo

1) Pensar (vosotros)

2) Cerrar (él)

3) Pedir (tú)

4) Ir (nosotras)

5) Ser (yo)

6) Estar (ustedes)

7) Conocer (ellos)

8) Traducir (vosotras)

9) Ver (nosotros)

10) Tener (ella)

11) Decir (ustedes)

12) Huir (tú)

13) Despertar (nosotras)

14) Servir (yo)

15) Querer (ellas)

16) Costar (usted)

17) Perder (ellos)

18) Hacer (vosotros)

60. Completa las suigientes oraciones conjugando los verbos irregulares entre paréntesis .

Ej. José (acostarse)___ muy tarde.

José **se acuesta** muy tarde.

1) Yo no (saber) ___ la verdad.

2) ¿Me (dar, tú) __ tu bolígrafo, por favor?

3) Ana (poner) __ la radio a todo volumen.

4) Yo (cerrar) __ la puerta con llave.

5) Nosotros te (decir) __ que vamos a la fiesta.

6) ¿Hoy (venir, vosotros) __ a mi casa?

7) No (poder, yo) __ terminar el trabajo.

8) No te preocupes, (hacer) __ yo la compra.

9) ¿Cómo te (encontrar, tú) ___ hoy?

10) ¿Me (traer, vosotros) ___ un café, por favor?

11) Te (oir, yo) __ perfectamente.

12) Ella (seguir) ___ estudiando con constancia.

13) Me (vestir, yo) __ de blanco hoy.

14) Te (confesar, yo) __ un secreto.

15) ¿Cuántas horas (dormir, tú) __?

16) Ellos no (entender) ___ lo que quieres decir.

17) No (volver, yo) __ tarde, ¿me esperas?

18) Los niños (jugar) __ a fútbol por la tarde.

16

Imperativo de Tú y Vosotros regular e irregular

61. Conjuga los verbos entre paréntesis en el imperativo de la segunda persona singular Tú.

1) (Escuchar) __ la canción. **Escucha**
2) (Tomar) __ una decisión dentro del lunes.
3) (Conducir) __ con cuidado.
4) (Bajar) __ el volumen de la radio.
5) (Escribir) __ tu dirección aquí, por favor.
6) (Comer) __ más saludable, te sentará bien.
7) (Hablar) ___ más despacio, por favor.
8) (Cantar) __ tu canción favorita.
9) (Conocer) __ más gente, te enriquecerá.
10) (Estudiar) __ con constancia, verás los resultados.
11) (Abrir) __ la puerta de casa, por favor.
12) (Trabajar) __ en el proyecto que más te guste.
13) (Llamar) __ a David para que venga a casa.
14) (Correr) __ más rápido si quieres superar el récord.
15) (Comprar) __ una botella de agua.
16) (Subir) __ a la primera planta, puerta A.
17) (Esperar) ___ aquí diez minutos y vuelvo.

62. Construye unas oraciones con el imperativo de la segunda persona singular Tú a partir de los siguientes infinitivos irregulares.

Ej. Devolver

Devuelve el libro a la biblioteca.

Decir	Pensar	Seguir
Volver	Mantener	Dormir
Hacer	Poner	Jugar
Tener	Venir	Salir
Cerrar	Empezar	Ir
Ser	Oír	Acertar

63. Conjuga los verbos en el imperativo de la segunda persona plural Vosotros/Vosotras.

Ej. (Comer) __ todo lo que queráis.

Comed todo lo que queráis.

1) (Hacer) __ lo posible para llamarnos hoy.

2) (Decir) __ todas las características de vuestra idea

3) (Pensar) __ bien antes de tomar una decisión.

4) (Cantar) __ a menudo, os ayudará a liberar el estrés acumulado.

5) (Preguntar) __ siempre que tengáis alguna duda.

6) (Vivir) __ cada día como si fuera el último.

7) (Llamar) __ a este número para más información.

8) (Sonreír) __ por los pequeños detalles.

9) (Visitar) __ los pueblos de la costa, son muy bonitos sobre todo en verano.

10) (Probar) __ estos platos para elegir el menú.

11) (Mostrar) __ vuestros documentos a la policía.

12) (Explicar) __ porqué queréis trabajar en esta empresa.

13) (Descansar) __ todo lo que podáis, mañana será un día muy duro.

14) (Aprender) __ este libro, es muy útil.

15) (Perder) __ vuestros miedos, solo son barreras.

64. Conjuga los verbos en el imperativo de segunda persona singular o plural.

1) (Buscar, tú) __ una solución pronto.

2) (Mirar, vosotros) __ las estrellas esta noche.

3) (Sentir, vosotros) __ compasión.

4) (Apoyar, tú) __ a tus compañeros.

5) (Recibir, vosotros) __ las visitas con entusiasmo.

6) (Prometer, tú) __ que te portarás bien.

7) (Intentar, vosotros) __ llegar antes de cena.

8) (Ser, tú) __ la mejor versión de ti.

9) (Beber, vosotros) __ con moderación.

10) (Venir, tú) __ a mi casa cuando quieras.

11) (Pagar, vosotros) __ todas vuestras deudas.

12) (Elegir, vosotros) __ una película para ver.

13) (Callar, tú) __ un poco, hablas demasiado.

14) (Ir, vosotros) __ a casa, ya es tarde.

15) (Traer, tú) __ las herramientas para reparar el grifo.

16) (Destruir, tú) __ todas tus barreras.

17) (Correr, vosotros) __ todos más rápido.

18) (Conducir, tú) __ con cautela y avísame.

19) (Escribir, tú) __ un diario sobre tu viaje.

20) (Llamar, vosotros) __ cuando necesitéis ayuda.

17

Reflexivos

65. Conjuga en el Presente de Indicativo los verbos regulares.

1) Cortarse (él) **Se corta**

2) Ducharse (vosotras)

3) Interesarse (yo)

4) Alegrarse (nosotros)

5) Calmarse (ella)

6) Atreverse (yo)

7) Preocuparse (tú)

8) Escribirse (ellos)

9) Llamarse (nosotros)

10) Cuidarse (yo)

11) Tirarse (tú)

12) Bañarse (él)

13) Arriesgarse (yo)

14) Limpiarse (nosotras)

15) Pintarse (yo)

16) Quitarse (ella)

17) Lanzarse (tú)

18) Comprarse (vosotros)

66. Conjuga en el Presente de Indicativo los verbos reflexivos regulares.

1) Recién despierta (lavarse, yo) ___ el rostro.

2) (Despedirse, tú) ___ de tus amigos antes del viaje a Canarias.

3) Mónica (maquillarse) ___ antes de ir a la fiesta.

4) (Enfadar, tú) ___ cuando hay mucho tráfico.

5) Nunca (olvidarse, ellos) ___ de mi cumpleaños.

6) (Afeitarse, él) ___ todas las mañanas.

7) (Relajarse, vosotros) ___ con un poco de música clásica.

8) Yo (peinarse) ___ a menudo antes de dormir.

9) Ellos (amarse, ellos) ___ desde siempre.

10) (Aburrirse, ella) ___ en la espera de tus noticias.

11) (Bañarse, tú) ___ con sal marina.

12) ¿(Levantarse, vosotros) ___ muy temprano?

13) (Casarse, nosotros) ___ el año que viene.

14) Para evitar discusiones (callarse, yo) ___.

15) (Alejarse, tú) ___ de los sitios peligrosos.

16) (Mirarse, ella) ___ mucho al espejo.

17) Nosotras (curarse) ___ con métodos naturales.

18) (Tocarse, él) ___ la herida a pesar de que le hayan dicho que no lo haga.

67. Conjuga en el Presente de Indicativo los verbos reflexivos irregulares.

Ej. Peinarse (él)

Se peina

1) Acostarse (ellos)

2) Caerse (yo)

3) Dormirse (tú)

4) Recordarse (nosotras)

5) Satisfacerse (él)

6) Sentarse (ellas)

7) Vestirse (nosotros)

8) Conocerse (yo)

9) Despertarse (tú)

10) Esforzarse (vosotros)

11) Divertirse (ellos)

12) Acordarse (nosotras)

13) Irse (yo)

14) Perderse (ellas)

15) Mentirse (vosotras)

16) Encontrarse (tú)

17) Quererse (ellos)

18) Parecerse (yo)

68. Conjuga en el Presente del Indicativo los verbos reflexivos regulares e irregulares.

Ej. (Entenderse, nosotros) __ muy bien.

Nos entendemos muy bien.

1) Los niños (cepillarse)___ antes de ir a la cama.

2) (Moverse, vosotros) __ de una ciudad a otra.

3) (Afligirse, yo) __ por todas mis culpas.

4) Ana (secarse) __ el pelo bajo del sol.

5) (Ponerse, yo) __ esa falda que me regalaste.

6) (Verse, ellos) __ en la estación.

7) (Untarse, tú) __ crema antes de tomar el sol.

8) (Dirigirse, yo) __ hacia tu casa.

9) Antes de ir a dormir (quitarse, él) __ la ropa.

10) (Confundirse, vosotros) __ con las calles de mi barrio.

11) (Echarse, ellos) __ siempre mucho perfume.

12) (Protegerse, yo) __ del frío con una bufanda.

13) Perdón si (meterse, yo) __ en vuestra discusión.

14) Ellas (fijarse) __ en todos los detalles.

15) (Probarse, tú) __ todos los vestidos de la tienda.

16) A principios de julio (mudarse él) __ con su familia.

17) Si hay algún error (corregirse, nosotros) __.

18) Cuando hablan entre ellos (escucharse) __.

18

Infinitivo

69. Subraya los infinitivos de las siguientes oraciones.

1) Comer fruta es importante para un estilo de vida saludable.

2) Prefiero leer libros que mirar películas.

3) Sería capaz de decir mentiras.

4) Tiene un sentido del deber muy fuerte.

5) Lo que me gusta es visitar sitios nuevos.

6) Para conseguir lo que queremos hay que invertir esfuerzo.

7) Es difícil de entender su historia, tiene muchos detalles.

8) Estudiar con constancia da resultados.

9) Después de dormir tanto, estarás lleno de energía.

10) Tenemos la impresión de estar perdiendo el tiempo.

11) El atardecer en la playa es precioso.

12) Todavía no tenemos el placer de conocerte.

13) Llegar tarde a la entrevista no daría una buena impresión.

70. Coloca el infinitivo correspondiente para cada oración.

comprar	mover	utilizar
fumar	leer, aprobar	enviarle
llegar	esperar	despertarse
preparar	ver	soplar
recibir	ir	veros
visitar	llegar	hacer, adelgazar

1) Ha perdido el avión por __ tarde.

2) He dejado de __ hace un mes.

3) No tenemos mucho tiempo para __ la ciudad.

4) Se conforma con __ una llamada.

5) Faltan dos ingredientes para __ el postre.

6) Mi mamá me ha reñido por __ muchos caramelos.

7) Se han cansado de __ y se han ido.

8) Con __ un resumen no vas a __ el examen.

9) Me he enterado que no tenía las llaves al __ a casa.

10) Nos sirven los pasaportes para __ a América.

11) Al __ las gaviotas el niño se ha quedado en silencio.

12) Con __ esas cajas ya queda más espacio.

13) Por __ tan tarde hará todo con prisas.

14) Le ha pedido el correo electrónico para __ un presupuesto.

15) Con __ deporte una vez a la semana no vas a __.

16) Estamos contentos de __ aquí a todos.

71. Construye oraciones a partir del infinitivo, como en el ejemplo.

Ej. Hacer

Hacer deporte es un buen hábito para la salud.

1) Aprender

2) Beber

3) Cantar

4) Viajar

5) Reír

6) Elegir

7) Creer

8) Educar

9) Comer

10) Meditar

11) Volar

12) Desayunar

13) Leer

14) Mirar

15) Dormir

16) Hablar

17) Rezar

18) Caminar

72. Construye oraciones con el infinitivo utilizando las preposiciones *para*, *sin* y *por*.

Ej. Medita porque se relaja.

Medita **para relajarse**.

1) Si usas las zapatillas nuevas vas más rápido.

2) Ha venido a la fiesta, pero no ha saludado a nadie.

3) Se le ha acumulado trabajo, porque se ha ido de vacaciones.

4) Me siento mejor porque he dejado de fumar.

5) Se ha ido de la clase pero no ha pedido permiso.

6) Miran una película porque se distraen.

7) Me levanto temprano porque trabajo mejor.

8) Han enviado el texto, pero no lo han revisado.

9) Escuchamos música porque nos anima.

10) Le dolía la barriga porque había comido mucho.

11) Se ha quedado con nosotros durante la mudanza, pero no nos ha ayudado.

12) Tomo muchas infusiones porque adelgaza.

13) Le duelen los músculos porque ha hecho mucho ejercicio.

14) Me ha contestado que está de acuerdo, pero no ha leído el mensaje.

19

Gustar y verbos afectivos

73. Conjuga en el Presente de Indicativo los siguientes verbos con el objeto directo en el singular.

Ej. (Gustar, yo)   **Me gusta**

(Sorprender, ellos) **Les sorprende**

1)   (Interesar, yo)

2)   (Disgustar, él)

3)   (Agradar, vosotros)

4)   (Doler, tú)

5)   (Cansar, nosotros)

6)   (Importar, ellos)

7)   (Encantar, ella)

8)   (Disgustar, yo)

9)   (Faltar, vosotras)

10) (Alegrar, tú)

11) (Molestar, ellas)

12) (Impresionar, él)

13) (Aburrir, nosotras)

14) (Divertir, tú)

15) (Asustar, yo)

16) (Parecer, vosotros)

17) (Apetecer, ellos)

18) (Fascinar, ella)

74. Conjuga en el Presente de Indicativo los verbos entre parénteis con el pronombre complemento correspondiente.

Ej. (Doler, yo) __ la cabeza. **Me duele**

1) (Dar miedo, yo) __ salir sola de noche.

2) (Repugnar, ella) __ la maldad.

3) ¿(Doler, vosotras)__ la barriga?

4) (Quedar, tú) __ bien esos pendientes.

5) (Favorecer, él) __ el color azul.

6) (Agradar, ellos) __ mucho tu personalidad.

7) (Hacer, yo) __ gracia cuando cuenta bromas.

8) (Faltar, tú) __ dos puntos para ganar.

9) (Apetecer, nosotras) __ salir a cenar fuera.

10) (Divertir, ellos) __ ir al parque en bicicleta.

11) (Caer, ella) __ mal tu prima Augusta.

12) (Disgustar, vosotros) __ subir tantas plantas andando.

13) (Interesar, yo) __ los libros de ciencia.

14) ¿La película (parecer, tú) __ buena?

15) (Cansar, ellas) __ ir de compras.

16) (Encantar, vosotros) __ el buen tiempo y la playa.

17) (Asustar, él) __ la oscuridad y el silencio.

18) (Fascinar, nosotros) __ los países que has visitado.

75. Indica el sujeto y el complemento de las siguientes oraciones.

Ej. Me gusta el vino **Sujeto**: YO **Objeto Directo**: el vino

1) Me molesta la música alta.

2) Les impresiona la Sagrada Familia.

3) Nos aburren las películas de terror.

4) Os divierte la fiesta del pueblo.

5) Le asusta dormir sola de noche.

6) Me apetece comer japonés.

7) Te fascinan las culturas extranjeras.

8) Le duelen los dientes.

9) Os interesan los viajes a África.

10) Nos falta dinero para la entrada.

11) Me importa el éxito del negocio.

12) Les encantan los documentales.

13) Te disgusta caminar descalzo.

14) Le cansa viajar en tren.

15) Nos agradan las noches de verano.

16) Me alegran las vacaciones.

17) Os gusta la historia.

18) Te atraen los hombres altos.

76. Conjuga los verbos en el Presente de Indicativo prestando atención al sujeto y al complemento indicados.

Ej. (Gustar, yo, las películas) **Me gustan**

1) (Impresionar, tú, las montañas)

2) (Doler, yo, la cabeza)

3) (Agradar, vosotros, las flores)

4) (Apetecer, ella, la paella)

5) (Caer bien, nosotros, María)

6) (Atraer, tú, la naturaleza)

7) (Fastidiar, él, el mal olor)

8) (Favorecer, yo, el color rojo)

9) (Aburrir, vosotras, las bodas)

10) (Disgustar, ellos, la comida cruda)

11) (Faltar, tú, dos ejercicios)

12) (Hacer gracia, ellas, el acento extranjero)

13) (Cansar, yo, trabajar todo el día)

14) (Repugnar, él, los insectos)

15) (Dar miedo, nosotros, la altura)

16) (Divertir , ellos, los conciertos)

17) (Quedar bien, ella, ese vestido)

18) (Importar, vosotros, las apariencias)

20

Perífrasis verbales de infinitivo

77. Completa las perífrasis verbales.

Ej. Terminar ___   Por/De

1) Dejar ___
2) Ir ___
3) Empezar ___
4) Volver ___
5) Acostumbrar ___
6) Tener ___
7) Ponerse ___
8) Meterse ___
9) Romper ___
10) Terminar ___
11) Decidirse ___
12) Venir ___
13) Llegar ___
14) Deber ___
15) Pasar ___
16) Haber ___ ___
17) Comenzar ___
18) Acabar

_____

_____

_____

_____

_____

_____

_____

_____

78. Elige y conjuga la perífrasis verbal adecuada.

VUELVO	ROMPES
EMPIEZAN	TIENEN
VENIR	PUEDEN
ACOSTUMBRADO	ESTABA A PUNTO
ACABAMOS	SUELEN
DEBÉIS	PUEDEN
COMIENZAN	DEJA
HA LLEGADO	DECIDEN

1) (Nosotros)__ de comer la pizza y estaba muy rica.

2) El mes que viene (ellas)__ a estudiar chino.

3) ¿Cuándo (vosotros) __ a visitar a los abuelos?

4) El domingo me he __ a limpiar casa.

5) (Yo)__ a punto de llamarte, ¿cómo estás?

6) (Tú)__ de fumar, te hace daño.

7) Ha (él)__ a ser director en un año.

8) (Ellas)__ que cerrar la tienda a las ocho.

9) (Ellos)__ leer el periódico cada mañana.

10) (Yo)__ a trabajar contigo después de años.

11) Estás __ a viajar mucho.

12) ¿Cuándo se (él)__ a comprar el coche?

13) (Vosotras)__ de pensar que no todo ha sido fácil.

14) ¿Por qué (tú) __ a llorar así de repente?

15) __ a verse los resultados.

79. Conjuga los verbos entre parénteis.

Ej. (Ir, tú) __ a tener hambre si no comes.   VAS

1) Cuando ve las flores, (ponerse, él) __ a cantar.

2) He decidido que (yo, ir) __ a vivir a Japón.

3) (Soler, ella) __ salir a correr cada mañana.

4) A veces (echarse, él) __ a reír de repente y sin motivo.

5) El sábado (venir, ellos) __ a visitarnos unos amigos.

6) (Haber, ellos) __ de tomar una decisión unánime.

7) Vamos tarde, (deber, la película) __ de haber empezado la película ya.

8) (Tener, tú) __ que coger el tren de las 17:00 o no llegarás a tiempo.

9) Para la cena (preferir, yo) __ comer ligero.

10) La noche antes del examen, (ponerse, ella) __ a llorar.

11) Mis hijos (querer, ellos) __ ir al cine cada domingo.

12) (Dejar, yo) __ de tomar café, no es bueno para la salud.

13) El doctor me (dejar, él) __ comer dulces una vez a la semana.

14) (Poder, ellos) __ visitar la plaza central, es muy bonita.

15) (Ir, yo) __ a escribir un libro de historia.

16) (Haber, ellas) __ intentado llamarte varias veces, pero saltaba el buzón de voz.

80. Rellena los huecos con la perífrasis verbal adecuada.

Ej. ¿Cuánto (tú) __ cocinar? TARDAS EN

1) (Yo) __ llegar y ya hemos discutido.

2) ¿(Tú) __ fumar ya? Si sigues así, te hará daño.

3) (Yo) __ despertarme cada mañana a las 6:00.

4) Solo al verme, se (él) __ a llorar.

5) No sé cuánto (ellos) ___ llegar, creo unos quince minutos.

6) (Nosotros) __ ir necesariamente al banco para solucionar el problema.

7) (Nosotras) __ vernos después de diez años.

8) ¿(Tú) __ encender la televisión, por favor?

9) (Yo) __ limpiar toda la casa, ahora me relajo.

10) Si (Yo) __ ser el jefe, doy más vacaciones a todos mis empleados.

11) A menudo (él) __ visitarme José.

12) Al final, ¿qué vestido (tú) __ ponerte?

13) A veces se (ella) __ reír un buen rato.

14) __ comer pizza todos los días, pero le he dicho que no se puede.

15) Si __ elegir, __ viajar de noche.

16) Se __ cambiar completamente su vida.

21

Preposiciones y locuciones prepositivas

81. Subraya las preposiciones del siguiente texto.

Las paredes de mi casa son tan finas que puedo escuchar todas las conversaciones de mis vecinos. El otro día él le preguntó a ella si había visto sus calcetines favoritos y ella le preguntó cuál eran, porque no sabía que tenía unos calcetines favoritos. Entonces él hizo una pausa y le contestó después de un largo suspiro «¿No sabes cuáles son?» y siguió diciéndole que eran los que le había regalado su madre para Navidad. Eran los que llevaban una ola de mar dibujada y unas gaviotas a la altura del tobillo. Ella se echó a reír y luego silencio. Escuché pasos que se alejaban y luego otra vez volvían a estar cerca y dijo ella «¿Son estos? ¡Pensaba que eran del niño!»

82. Rellena los huecos con las preposiciones adecuadas para cada oración.

Ej. Este verano viajo __ California.

Este verano viajo **a** California.

1) Carla vive __ Madrid.

2) ¿__ quién es este bolso?

3) La fiesta es __ casa de mis padres.

4) Nosotros somos __ País Vasco.

5) Solo ha comido un trozo __ pan.

6) ¿Cuándo os vais __ vacaciones?

7) Me gustan mucho las casas __ madera.

8) La semana que viene no voy __ trabajar.

9) ¿Has probado la paella __ marisco?

10) Van a volver __ casa mañana.

11) Pablo nos llama __ Argentina.

12) Viaja siempre __ avión, dice que es más cómodo.

13) ¿Le van a regalar este libro __ Íñigo?

14) Mi hermano se queda __ el viernes.

15) A Victoria le encanta mi tarta __ manzanas.

16) Vamos __ la playa el sábado, ¿te vienes?

17) ¡Cuidado, la copa es __ cristal!

18) Avisa __ Óscar si llegas tarde.

83. A continuación subraya las locuciones prepositivas en cada oración.

Ej. Dentro de diez días entregamos el proyecto.

Dentro de diez días entregamos el proyecto.

1) Te voy a llamar <u>antes de</u> medianoche.
2) Han encontrado el anillo debajo de la cama.
3) Por causa de la tormenta hemos llegado tarde.
4) Ana ya está de viaje rumbo a Colombia.
5) A pesar de todo el ruido, te he entendido perfectamente.
6) El supermercado está junto al banco.
7) Suben los precios a partir de abril.
8) Ha encontrado piso cerca de su trabajo.
9) Debido al mal tiempo han cancelado el vuelo.
10) He aprobado el examen gracias a ti.
11) Detrás de la mesa van a poner un sofá.
12) Siempre interrumpe en medio de la conversación.
13) Vamos al cine en compañía de mis tíos.
14) En cuanto a su profesión, nunca ha dado detalles.
15) Dentro de media hora la cena estará lista.
16) Han hablado a favor de todos.
17) En vez de quejarte, reacciona.
18) Por delante de todo está mi familia.

84. Rellena los huecos con las locuciones prepositivas adecuadas.

Ej. __ mal tiempo, hemos viajado bien en avión.

A pesar del mal tiempo, hemos viajado bien en avión.

1) __ su ayuda, hemos vuelto a casa.

2) La tienda no abre __ las 8:30.

3) __ tener la fiebre, ha ido a trabajar.

4) Esa estación no es cómoda, está __ mi barrio.

5) Nos vemos __ las diez, antes no puedo.

6) Tienes que informarte más __ su oferta.

7) ¿Te vas de viaje __ Emilio?

8) __ tráfico ha llegado tarde a la cena.

9) He sido atrevido, lo he dicho todo __ jefe.

10) Me ha dejado un regalo justo __ mi puerta.

11) Salvador está __ todo el departamento.

12) No tardará mucho, vive __ aquí.

13) __ bosque hay una casa aislada de todo.

14) __ peligro, mantiene el control.

15) __ las seis estoy libre.

16) __ nuestra posición solo está el presidente.

17) __ quejarte, piénsatelo bien.

18) No quiere hablar más __ ese tema.

22

Referencias temporales

85. Subraya los marcadores temporales.

Ej. Me olvido <u>siempre</u> las llaves.   SIEMPRE

1) Voy a comprar el pan todos los días.

2) Por las tardes suele llamarme mi abuela.

3) Nunca he estado en América.

4) Una vez al año cenamos todos los ex compañeros.

5) Todos los meses vuelvo a mi pueblo.

6) Los jueves Marcos juega a fútbol.

7) No pongo casi nunca azúcar en el café.

8) A veces te pones muy celoso.

9) Por las mañanas nos levantamos a las 7:30.

10) Siempre que puedo voy a la playa a dar un paseo.

11) Llega muy puntual casi siempre.

12) Los sábados solemos cenar pizza.

13) Cada día me llegan sus mensajes.

14) Una vez a la semana vamos al cine.

15) ¿Qué soléis hacer por las noches?

16) A menudo vienen a visitarnos.

17) Cada semana van al mercado.

18) Ahora no tengo tiempo, llámame más tarde.

86. Utilizando los marcadores temporales, indica con qué frecuencia realizas estas acciones.

¿Con qué frecuencia…

1) Lees?
2) Vas al cine?
3) Haces deporte?
4) Sales a tomar algo?
5) Vas a la peluquería?
6) Comes/cenas fuera?
7) Limpias la casa?
8) Vas de viaje?
9) Te cepillas los dientes?
10) Sales con tus amigos?
11) Vas a trabajar/estudiar?
12) Coges un avión?
13) Cocinas?
14) Ves a tu familia?
15) Aprendes algo nuevo?
16) Te duchas?
17) Riegas las plantas?
18) Meditas/rezas?

87. Indica las horas en letras.

Ej. 08:50   **ocho y cincuenta/**
               nueve menos diez

1) 10:30

2) 6:25

3) 15:45

4) 20:10

5) 09:30

6) 18:00

7) 14:55

8) 11:20

9) 16:40

10) 21:15

11) 07:05

12) 02:45

13) 12:10

14) 17:35

15) 14:30

16) 22:50

17) 12:35

18) 04:25

19) 18:10

20) 14:50

88. Subraya los indicadores de anterioridad y posterioridad en las siguientes oraciones.

1) <u>Había una vez</u> una princesa que vivía en un castillo.

2) Finalmente el tren se ha vuelto a poner en marcha.

3) Luego se verá que intención tenía.

4) En primer lugar hay que analizar todos los detalles de la situación.

5) Antes de que me entrevisten, quiero prepararme.

6) Pronto descubriremos si es niño o niña.

7) Al comienzo todo era bonito.

8) Hace un mes me encontré a tu primo.

9) Primero hay que comprar todos los ingredientes.

10) Ayer me llamó Javier.

11) Después iremos a visitar a una amiga.

12) Más tarde veremos qué opina Andrés.

13) Inicialmente pensaba que todo iba bien.

14) Recientemente empezamos varios proyectos.

15) Tiempo atrás buscaban un piso en el centro.

16) Hace un año aún no vivías aquí.

17) Posteriormente retrató todo lo que había dicho.

18) Mañana saldrán los resultados.

23

Referencias espaciales

89. Subraya los marcadores espaciales.

1) He dejado la comida <u>dentro del</u> frigorífico.

2) El mercado está al lado de mi oficina.

3) Los libros están sobre tu escritorio.

4) El dormitorio está al final del pasillo.

5) Detrás de la casa tenemos un jardín muy grande.

6) En el medio de la oficina hay una planta.

7) Saca la ropa de invierno fuera del armario.

8) Cada mañana pasea por el bosque junto al perro.

9) Se pone a bailar en el centro de la pista.

10) Sería mejor colgar este cuadro más arriba.

11) Pasamos por debajo del puente.

12) El bar de Carmen está justo delante de mi casa.

13) Ha dejado los zapatos debajo de la mesa.

14) Le gusta poner queso por encima de la pasta.

15) Parece una persona muy tranquila externamente.

16) Hay mucha gente frente a la entrada de la tienda.

17) Si quieres ir a la peluquería, está por la izquierda.

18) Mi despacho está junto al tuyo.

90. Corrige los marcadores espaciales en las oraciones incorrectas.

1) Pasamos por debajo tu casa.

2) Te espero delante de la parada del bus.

3) Fuera la estación no hay ni un taxi.

4) Mientras llovía, nos protegimos bajo un balcón.

5) Durante del viaje empezó a sentirse mareado.

6) He encontrado una foto antigua dentro del libro de geografía.

7) Voy a poner una planta en el medio del salón.

8) No recuerdo si tu casa está por izquierda.

9) Encontré a Luis dentro del metro.

10) Mis padres viven el lado de mi piso.

11) La habitación de María está junto a la de Ana.

12) No escondas las llaves debajo de la alfombra.

13) Se me ha caído algo detrás la cama.

14) Externamente parece un restaurante de lujo.

15) Me he encontrado este gato el fondo de una calle de mi barrio.

16) Te he dejado la cena sobre la mesa.

17) Tiene una casa bonita justo a frente de la playa.

18) Siempre mira hacia arriba, le gustan las estrellas.

91. Utilizando los marcadores espaciales, redacta unas respuestas.

¿Dónde está(n)…

1) El dormitorio?
2) El paraguas?
3) Las llaves?
4) El sofá?
5) Tus gafas de sol?
6) Las fotos?
7) El albornoz?
8) La televisión?
9) Los libros?
10) Los platos?
11) El frigorífico?
12) La puerta?
13) Los cojines?
14) La alfombra?
15) La mesita de noche?
16) El café?
17) El ordenador?
18) El champú?

92. Completa con los marcadores espaciales las siguientes oraciones.

1) Nadie puede estar por __ de la ley.

2) Por __, la casa de Maribel no se ve bonita, pero por __ te sorprende.

3) El documento está en el __del cajón.

4) Pon una manta __ de la cama.

5) El puerto está __ izquierda de la playa.

6) Cuidado, debajo __ coche hay mucho aceite, es peligroso.

7) Los menús están __ las mesas.

8) No conozco a los vecinos que viven al __ de mi piso.

9) ¿Están las llaves __ de tu bolso?

10) Encuentras el jersey en el armario, arriba __ todo.

11) __ de la plaza hay unos subterráneos misteriosos, muy antiguos.

12) Por __, la mochila tiene muchos bolsillos.

13) Los anuncios están __ medio de la revista.

14) Mi coche está aparcado al __ del tuyo.

15) No vivimos en __ centro, sino en las afueras __ la ciudad.

16) ¿Adivina quién estaba justo en __ de mi casa?

24

Adverbios

93. Subraya los adverbios de las siguientes oraciones.

1) A Estéban la tortilla de patatas le sale muy mal.

2) Hay bastante viento hoy en San Sebastián.

3) Finalmente, decidieron volver a casa de sus abuelos.

4) El tren hacia casa iba muy despacio.

5) Cuidado cuando salgas, está lloviendo mucho.

6) Sabe solucionar los problemas inteligentemente.

7) Ya has hecho demasiado, déjame ayudarte.

8) Estoy ocupado, pero voy a llamarte enseguida.

9) Voy a teatro, ¿vienes tú también?

10) No tomes decisiones precipitadamente.

11) Mariana es psicóloga, dicen que trabaja bien.

12) Últimamente he dormido poco, necesito descansar.

13) Mientras me ducho, pongo la música.

14) Habláis muy deprisa, a veces no os entiendo.

15) Le puedes explicar todo tranquilamente.

16) De vez en cuando quedamos para un café.

17) A Felipe tampoco le gusta la montaña.

94. Indica qué tipo de adverbios son todos los del ejercicio anterior.

Ej. Se fue <u>silenciosamente</u>   **manera**

cantidad tiempo manera frecuencia negación afirmación

1)

2)

3)

4)

5)

6)

7)

8)

9)

10)

11)

12)

13)

14)

15)

16)

17)

18)

95. A partir de los siguientes adjetivos forma los adverbios correspondientes.

Ej. Sereno   **Serenamente**

1) Rápido

2) Elegante

3) Tímido

4) Difícil

5) Cortés

6) Profundo

7) Firme

8) Real

9) Feliz

10) Tremendo

11) Claro

12) Amable

13) Seguro

14) Afortunado

15) Enorme

16) Fácil

17) Lento

18) Constante

96. Rellena los huecos con los adverbios adecuados.

(En algunas frases hay más de una opción posible, si tu respuesta no coincide con la solución lo importante es que el adverbio exista y su significado dentro de la frase sea coherente)

1) No lee __, tendrá que ponerse gafas.

2) He buscado __, necesito descansar.

3) Quizás __ aplacemos nuestra cita.

4) __ me llevaré la mochila para el viaje.

5) ¿__ sabes algo de Teresa?

6) Tienes que reservar __ antes de que se agote.

7) Vamos a ese restaurante __, te lo recomiendo.

8) Has dormido __, se te nota en la cara.

9) Voy __ si no me vuelves a hablar de Rosa.

10) No lo tienen __ y han pedido explicaciones.

11) Es __ si no hablas, no os vais a entender.

12) __ el tren llegue tarde.

13) ¡__ me olvido las llaves en casa!

14) Si comes __ sal es ___ para tu salud.

15) De __en __ me acuerdo de ti.

16) __ vienen a mi tienda a comprar.

17) Come tan __ que se queda sola en la mesa.

18) Parece que se han casado __.

25

Haber y las oraciones impersonales

97. Subraya Haber como verbo impersonal.

Ej. <u>Hay</u> un ordenador encendido   **Impersonal**

    Ha dicho que volverá.   **Personal**

1) Hemos ido al cine el viernes.

2) Hay once grados, no hace tanto frío.

3) Han venido expresamente para la conferencia.

4) Ha llamado al director del hotel para quejarse.

5) Hay un grupo de personas que hace ruido.

6) Habéis trabajado mucho, os lo merecéis.

7) He visto la película que me aconsejaste.

8) Hay mucho tráfico, llegaré tarde.

9) En el medio del bosque hay un castillo.

10) Han querido cambiar de planes al último momento.

11) Ha intuido que algo iba mal, es muy sensible.

12) Hay unos señores preguntando por ti.

13) Hemos vuelto de madrugada, estamos cansados.

14) Creo que hay poca gente en la peluquería.

15) He dormido mucho, me he despertado muy bien.

16) Hay bastante cola en el banco, iré mañana.

17) Ya no hay mantequilla, cómprala por favor.

98. Rellena los huecos en las siguientes oraciones con hay o está/están.

1) __ dos niños en el parque.

2) ¿ __ Lucia en casa?

3) __ mucha nieve fuera, ten cuidado.

4) Ya no __ agua, ¿salimos a comprar?

5) ¿Dónde __ la parada de metro?

6) __ todos en la fiesta, mientras yo estoy en casa con gripe.

7) ¿ __ alguien en casa?

8) Tu hermano __ aquí, viene a saludarte.

9) __ que limpiar bien antes de dormir aquí.

10) Ya __ aquí mis amigas.

11) __ una mochila en la entrada, ¿es tuya?

12) Mi bicicleta __ en el patio. Si quieres, úsala.

13) __ mucha tranquilidad en tu casa.

14) ¿ __ Manuel en el jardín?

15) __ poco arroz para cenar, ¿pedimos pizza?

16) ¿Dónde __ mis zapatos?

17) __ humedad en la pared, ¿la ves?

18) Aquí __ tu agenda, ¿la buscabas?

99. Pon los siguientes verbos en sus formas impersonales correspondientes.

Ej. (Decir)

Se dice/Dicen

1) (Pensar) __ / __

2) (Anochecer) __

3) (Ser) __/__ suficiente

4) (Llover) __

5) (Dar)__ / __ importancia

6) (Tratarse) __

7) (Nevar) __

8) (Decir) __ / __

9) (Atardecer) __

10) (Creer) __ / __

11) (Oler) __

12) (Poner) __ / __

13) (Granizar) __

14) (Pasar) __ / __ de

15) (Bastar) __ /__

16) (Faltar) __

17) (Tronar) __

100. Pasa las siguientes oraciones a la forma impersonal correspondiente.

Ej. (Usar) __ mucho el móvil en el trabajo.

Se usa mucho el móvil en el trabajo.

1. (Pasar) __ mucho tiempo en Internet.
2. (Trabajar) ___ cada vez más en nuestra sociedad.
3. (Ver) __ mal interrumpir una conversación.
4. (Leer) __ muchas noticias por las redes sociales.
5. (Beber) __ demasiado entre los jóvenes.
6. (Comer) __ rico en el restaurante de Miguel.
7. (Gastar) __ papel innecesario a veces.
8. (Bailar) __ mucho en el Caribe.
9. (Soler) __ ver muchos delfines por la costa.
10. (Mirar) ___ siempre el aspecto exterior.
11. (Oír) __ ruidos raros de noche, ¿serán fantasmas?
12. (Usar) __ mucho la bicicleta en Holanda.
13. (Vender) __ muchos móviles en Navidad.
14. (Respetar) __ las normas en esta residencia.
15. (Jugar) __a fútbol de 16:00 23:00 en este club.
16. (Cocinar) ___ mucho en Italia, es una tradición.
17. (Hablar) __ despacio si alguien no entiende.
18. (Hacer) __ mucho deporte al aire libre en verano.

SOLUCIONES

Acento y división silábica

1.

La ca|sa don|de cre|cí es|ta|ba al la|do de un rí|o. Por fue|ra e|ra muy sim|ple, pe|ro den|tro e|ra gran|de y lu|mi|no|sa. La fa|cha|da e|ra blan|ca y las|ven|ta|nas de co|lor a|zul ma|ri|no. En la en|tra|da ha|bí|a mu|cha va|rie|dad de plan|tas y flo|res que en pri|ma|ve|ra se ha|cí|an ca|mi|no u|na tras o|tra pa|ra ver el sol. Jun|to con mi ma|dre í|ba|mos a re|co|ger las, a e|lla le gus|ta|ba|po|ner|las en un ja|rrón ver|de de cris|tal, en|ci|ma de la me|sa. Yo pa|sa|ba mu|cho tiem|po en mi ha|bi|ta|ción, des|de a|hí cuan|do llo|ví|a mi|ra|ba el jar|dín a tra|vés de la ven|ta|na y de no|che in|ten|ta|ba re|co|no|cer las cons|te|la|cio|nes en el cie|lo. A ve|ces me tum|ba|ba en el so|fá y es|cri|bí|a car|tas a a|mi|gos i|ma|gi|na|rios, tam|bién ha|cí|a di|bu|jos de a|cua|re|las y lue|go los de|ja|ba se|car de|ba|jo del sol.

2.

La casa donde crecí estaba al lado de un río. Por fuera era muy simple, pero dentro era grande y luminosa. La fachada era blanca y las ventanas de color azul marino. En la entrada había mucha variedad de plantas y flores que en primavera se hacían camino, una tras otra, para ver el sol. Junto con mi madre íbamos a recogerlas, a ella le gustaba ponerlas en un jarrón verde de cristal, encima de la mesa. Yo pasaba mucho tiempo en mi habitación, desde ahí cuando llovía miraba el jardín a través de la ventana y de noche intentaba reconocer las constelaciones en el cielo. A veces me tumbaba en el sofá y escribía cartas a amigos imaginarios, también hacía dibujos de acuarelas y luego los dejaba secar debajo del sol.

3.

1) Decaer	11) Vacío	21) Después	31) Aulido
2) También	12) León	22) Pausa	32) Maíz
3) País	13) Aire	23) Maestro	33) Fraude
4) Diurético	14) Frío	24) Aura	34) Creer
5) Moho	15) Náutico	25) Oír	35) Ataúd
6) Huésped	16) Pieza	26) Hielo	36) Veinte
7) Áurea	17) Oasis	27) Campeón	37) Grúa
8) Cacao	18) Camión	28) Teatro	38) Europa
9) Bahia	19) Había	29) Auto	39) Murciélago
10) Hiena	20) Atraer	30) Armonía	40) Peor

4.

Las paredes de mi casa son tan finas que puedo escuchar todas las conversaciones de mis vecinos. El otro día él le preguntó a ella si había visto sus calcetines favoritos y ella le preguntó cuál eran, porque no sabía que tenía unos calcetines favoritos. Entonces él hizo una pausa y le contestó después de un largo suspiro «¿No sabes cuáles son?» y siguió diciéndole que eran los que le había regalado su madre para Navidad. Eran los que llevaban una ola de mar dibujada y unas gaviotas a la altura del tobillo. Ella se echó a reír y luego silencio. Escuché pasos que se alejaban y luego otra vez volvían a estar cerca y dijo ella «¿Son estos? ¡Pensaba que eran del niño!»

Género, número y concordancia

5.

1)	Pan **M**	13)	Campo **M**	25)	Agua **F**
2)	Bolígrafo **M**	14)	Vaso **M**	26)	Libro **M**
3)	Tienda **F**	15)	Cama **F**	27)	Sofá **M**
4)	Día **M**	16)	Hoja **F**	28)	Miel **F**
5)	Casa **F**	17)	Águila **F**	29)	País **M**
6)	Pelo **M**	18)	Taza **F**	30)	Flor **F**
7)	Árbol **M**	19)	Nariz **F**	31)	Película **F**
8)	Leche **F**	20)	Playa **F**	32)	Tablet **F**
9)	Mochila **F**	21)	Horno **M**	33)	Comida **F**
10)	Tenedor **M**	22)	Mes **M**	34)	Lápiz **M**
11)	Ordenador **M**	23)	Sal **F**	35)	Músico **M**
12)	Semana **F**	24)	Calle **F**	36)	Música **F**

6.

1)	La madre	10)	Una señora
2)	Un actor	11)	Cliente
3)	Profesora	12)	El suegro
4)	Artista	13)	Una condesa
5)	El rey	14)	Una nieta
6)	La doctora	15)	Periodista
7)	Tío	16)	Un muñeco
8)	Una mujer	17)	Una pianista
9)	Pintor	18)	Policía

7.

1)	Paredes	10)	Lunes
2)	Gente	11)	Jueces
3)	Autobuses	12)	Nueces
4)	Ciudades	13)	Sofás
5)	Jardines	14)	Dúplex
6)	Dificultades	15)	Relojes
7)	Azúcares	16)	Pies
8)	Dioses	17)	Peces
9)	Lápices	18)	Crisis

8.
1) Las novelas son muy largas y aburridas.
2) Mis tíos vienen a visitarme y me traen unos regalos.
3) Tomo unos cafés amargos y unas tostadas.
4) Los vestidos rojos le sientan muy bien.
5) Me han tocado unos ejercicios difíciles en los exámenes.
6) Le gusta que le regalen unas flores amarillas.
7) Las películas que vi anoche me gustaron mucho.
8) Cuando fui a Kenya vi unos grandes elefantes.
9) Los pisos que compramos tienen ventanas y balcones.
10) Para convivir bien hay que seguir unas normas.
11) Beber unos vasos de agua al despertar es saludable.
12) Los árboles de mi jardín están muy altos y frondosos.
13) Miro algunas películas nuevas cada semana.
14) Cada semana escribo unos correos a mis amigos.

15) Los libros que he prestado a Camila son muy voluminosos.
16) Las camas de este hotel son bastante cómodas.

Artículos

9.

1)	Los	10)	El	19)	La	28)	El
2)	El	11)	La	20)	Las	29)	El
3)	Las	12)	El	21)	El	30)	La
4)	La	13)	Los	22)	El	31)	El
5)	Los	14)	El	23)	Las	32)	La
6)	El	15)	Los	24)	Los	33)	La
7)	El	16)	La	25)	El	34)	Los
8)	El	17)	La	26)	Las		
9)	Los	18)	El	27)	La		

10.

1)	Las	10)	Unos
2)	El	11)	El
3)	Unas	12)	El
4)	El	13)	Un
5)	El	14)	El
6)	El	15)	El
7)	Los	16)	Una
8)	La	17)	Un
9)	Una	18)	Una

11.

1)	-	10)	Un
2)	El	11)	-
3)	El	12)	-
4)	El	13)	La
5)	-	14)	-
6)	-	15)	-
7)	El	16)	-
8)	-	17)	-
9)	-	18)	Un

12.

1)	-	7)	-
2)	Los	8)	La
3)	-	9)	-
4)	Los	10)	-
5)	El	11)	El
6)	-	12)	La
13)	El		

Adjetivos: género, número y concordancia

13.

1) Grande	13) Agradable	25) Caliente
2) Inglesa	14) Peligrosa	26) Delgada
3) Fácil	15) Oscura	27) Horrible
4) Larga	16) Cosmopolita	28) Corta
5) Ágil	17) Fértil	29) Dulce
6) Japonesa	18) Preciosa	30) Italiana
7) Blanca	19) Española	31) Sociable
8) Alegre	20) Serena	32) Optimista
9) Buena	21) Encantadora	33) Aventurera
10) Fuerte	22) Tranquila	34) Sensible
11) Canadiense	23) Fascinante	35) Crujiente
12) Aburrida	24) Alta	36) Famosa

14.

1) Madur-os/-as	20) Eficientes
2) Ácid-os/-as	21) Egoístas
3) Pesimistas	22) Exigentes
4) Práctic-os/-as	23) Generos-os/-as
5) Bland-os/-as	24) Gracios-os/-as
6) Caducad-os/-as	25) Hábiles
7) Sabros-os/-as	26) Gruñones/-as
8) Amarg-os/-as	27) Hermos-os/-as
9) Atent-os/-as	28) Histéric-os/-as
10) Atrevid-os/-as	29) Infantiles
11) Apátic-os/-as	30) Interesantes
12) Burlon-es/-as	31) Llorones/-as
13) Celos-os/-as	32) List-os/-as
14) Débiles	33) Meticul-os/-as
15) Desconfiad-os/-as	34) Modest-os/-as
16) Curios-os/-as	35) Orgullos-os/-as
17) Direct-os/-as	36) Pacientes
18) Divertid-os/-as	37) Pensativ-os/-as
19) Educad-os/-as	38) Perezos-os/-as

15.

1) simpáticos	10) húmedo
2) acogedora	11) amplio y luminoso
3) largos y estrechos	12) sucias
4) mejores	13) audaces
5) soleada	14) inteligentes
6) ambiciosas	15) amistosa
7) rica	16) picantes
8) imaginativo	17) independientes
9) espectaculares	18) seca

16.
La casa donde crecí estaba al lado de un río. Por fuera era muy simple, pero dentro era grande y **luminosa**. La fachada era **blanca** y las ventanas de color azul marino. En la entrada había **mucha** variedad de plantas y flores que en primavera se hacían camino, una tras otra, para ver el sol. Junto con mi madre íbamos a recogerlas, a ella le gustaba ponerlas en un jarrón **verde** de cristal, encima de la mesa. Yo pasaba **mucho** tiempo en mi habitación, desde ahí cuando llovía miraba el jardín a través de la ventana y de noche intentaba reconocer las constelaciones en el cielo. A veces me tumbaba en el sofá y escribía **largas** cartas a amigos imaginarios, también hacía dibujos de acuarelas y luego los dejaba secar debajo del sol.

Pronombres personales sujeto y objeto directo e indirecto.

17.
1) Tú
2) Yo
3) Él/Ella
4) Usted
5) Nosotros/Nosotras
6) Ellos/Ellas
7) Yo
8) Vosotros/Vosotras
9) Él/Ella

10) Él/Ella
11) Ellos/Ellas
12) Tú
13) Ustedes/Ellos/Ellas
14) Él/Ella
15) Vosotros/Vosotras
16) Yo
17) Usted
18) Nosotros/Nosotras

18.
1) Cambiarla
2) Devolverle
3) Robarlas
4) Invadirla
5) Preocuparte
6) Interesarme
7) Adorarla
8) Gustaros
9) Pedirlo
10) Ganarla
11) Obedecerlos
12) Quererlo

13) Pediros
14) Llevarlos
15) Preferirlo
16) Importarles
17) Esperarla
18) Seguirnos
19) Impresionarles
20) Dejarlas
21) Molestarle
22) Observarlo
23) Animarnos
24) Perseguirlo

19.
1) Lo
2) Les
3) Las
4) Lo
5) Lo
6) Los
7) Los
8) Les
9) La
10) Lo

11) Las
12) Lo
13) Los
14) Le
15) La
16) Los
17) Los
18) Lo
19) Les/los
20) Las

20.

Las paredes de mi casa son tan finas que puedo escuchar todas las conversaciones de mis vecinos. El otro día él **le** preguntó a ella si había visto sus calcetines favoritos y ella **le** preguntó cuál eran, porque no sabía que tenía unos calcetines favoritos. Entonces él hizo una pausa y **le** contestó después de un largo suspiro «¿No sabes cuáles son?» y siguió diciéndole que eran **los** que le había regalado su madre para Navidad. Eran **los** que llevaban una ola de mar dibujada y unas gaviotas a la altura del tobillo. Ella se echó a reír y luego silencio. Escuché pasos que se alejaban y luego otra vez volvían a estar cerca y dijo ella «¿Son estos? ¡Pensaba que eran del niño!».

Demostrativos

21.
1) Aquí: este, esta, esto, estos, estas
2) Ahí: ese, esa, eso, esos, esas
3) Allí: aquel, aquella, aquello, aquellos, aquellas

22.

1)	Esta	21)	Este	41)	Aquel
2)	Ese	22)	Esas	42)	Ese
3)	Aquellas	23)	Aquel	43)	Esta
4)	Este	24)	Estas	44)	Esos
5)	Esa	25)	Aquel	45)	Aquel
6)	Aquellas	26)	Esos	46)	Esta
7)	Este	27)	Esta	47)	Esa
8)	Esos	28)	Aquella	48)	Aquellos
9)	Aquellas	29)	Esos	49)	Esta
10)	Aquel	30)	Ese	50)	Aquel
11)	Estos	31)	Aquellas	51)	Aquella
12)	Esas	32)	Este	52)	Estos
13)	Aquella	33)	Esos	53)	Esas
14)	Ese	34)	Aquellas	54)	Aquella
15)	Estas	35)	Este	55)	Esta
16)	Aquel	36)	Ese	56)	Esos
17)	Esa	37)	Esta	57)	Esa
18)	Estos	38)	Esas	58)	Esta
19)	Aquella	39)	Aquellas	59)	Estas
20)	Esos	40)	Esta	60)	Esa

23.

(Aquí)

1)	Esta	7)	Estos
2)	Esto	8)	Este
3)	Este	9)	Estas
4)	Esto	10)	Este
5)	Este	11)	Estas
6)	Esta	12)	Estos

(Ahí)

13) Esos	19) Ese
14) Esas	20) Esas
15) Esos	21) Esa
16) Ese	22) Esas
17) Esas	23) Ese
18) Esas	24) Esa

(Allí)

25) Aquellas	31) Aquellas
26) Aquella	32) Aquello
27) Aquel	33) Aquel
28) Aquellas	34) Aquella
29) Aquella	35) Aquellas
30) Aquellos	36) Aquella

24. -

Comparativos y superlativos

25.
1) Gabriel es tan joven como Ángel.
2) Mi hijo come tantas veces al día como su hijo.
3) Ana es tan alta como José.
4) El nieto de Adela es tan listo como el nieto de Ruth.
5) Toni come tantas naranjas como Ariel.
6) Mi profesor es tan exigente como el tuyo.
7) La casa del Raúl es tan grande como la casa de Paco.
8) Yo trabajo tanto como tú.
9) Mi móvil saca tan buenas fotos como el tuyo.
10) Rita bebe tantos cafés como Julia.
11) Mi abuelo tiene tantos años como el tuyo.
12) Su coche va tan rápido como el tuyo.
13) Sara es tan inteligente como Cristina.
14) Mi lista de la compra es tan larga como la suya.

26.

1) Más/menos de	10) Más/menos que
2) Más/menos que	11) Más/menos de
3) Más/menos que	12) Más/menos que
4) Más/menos que	13) Más/menos de
5) Más/menos de	14) Más/menos de
6) Más/menos que	15) Más/menos que
7) Más/menos que	16) Más/menos que
8) Más/menos de	17) Más/menos que
9) Más/menos de	18) Más/menos de

27.
1) Él es mi hermano menor.

2) Valentín es más sabio que su abuelo.
3) Marcos es más inteligente que Cristóbal.
4) Mi profesora es más buena que la tuya.
5) Este balcón es más soleado que el otro.
6) Tus padres son más atentos que los míos.
7) Mi calle es más transitada que la tuya.
8) Esta película es más interesante que la otra.
9) Jorge es más serio que tú.
10) Su libro es peor que el mío.
11) Marcela es más aventurera que Cristina.
12) Esta boda es más aburrida que la nuestra.
13) Mi alumno es más disciplinado que el suyo.
14) Ese castillo es más antiguo que este.
15) El hijo de Estela es más gracioso que el de Ruth.
16) Esta serie es más animada que la otra.
17) La mesa de Victoria es más larga que la tuya.
18) Aquel actor es más guapo que este.

28.
1) Se trata de un detalle mínimo.
2) Aquí el mar es profundísimo.
3) La película ha sido entretenidísima.
4) Tu presentación del libro ha sido óptima.
5) El viaje ha sido larguísimo.
6) La clase ha sido aburridísima.
7) La gasolina aquí es baratísima.
8) La terraza del bar es soleadísima.
9) Ese árbol es altísimo.
10) La sal que he puesto es poquísima.
11) Los comentarios que recibo son utilísimos
12) Las zapatillas que llevas son viejísimas.
13) La casa de Pedro es antiquísima.
14) La comida nos ha salido carísima.
15) Ha sido una cena pésima, lo siento.
16) El agua que bebes es muchísima.
17) El perro de Daniel es inquietísimo.
18) Las flores que te ha regalado son fresquísimas.

Posesivos átonos y tónicos

29.

1) Tónico

Yo	MI
Tú	TU
Él/Ella/Usted	SU
Nosotros/Nosotras	NUESTR-O/-A
Vosotros/Vosotras	VUESTR-O/-A
Ellos/Ellas/Ustedes	SU

2) <u>Átono</u>

Yo	MÍO
Tú	TUYO
Él/Ella/Usted	SUYO
Nosotros/Nosotras	NUESTRO/-A
Vosotros/Vosotras	VUESTRO/-A
Ellos/Ellas/Ustedes	SUYO

30.
1) SU gato ES rebelde.
2) SU coche ES nuevo.
3) MI compañero ES amable.
4) VUESTRA casa ES grande.
5) SUS cuadros SON de mucho valor.
6) NUESTRO jefe ES simpático.
7) MI moto ES vieja.
8) VUESTRO cuarto ESTÁ muy desordenado.
9) SUS ojos SON expresivos.
10) SUS padres SON jóvenes.
11) SU café ES muy rico.
12) TU cara ES alegre.
13) NUESTRO jardín ES enorme.
14) SU cuaderno ES azul.
15) TU sofá ES cómodo.
16) VUESTRO equipo ES eficiente.
17) NUESTRO reloj ES feo.
18) NUESTROS alumnos SON disciplinados.

31.
1) Estos pantalones SON MÍOS. / SON LOS MÍOS.
2) Esta versión ES SUYA./ ES LA SUYA.
3) Estas zapatillas SON TUYAS./ SON LAS TUYAS.
4) Ese coche ES VUESTRO./ ESE ES EL VUESTRO.
5) Esta casa ES NUESTRA./ ESTA ES LA NUESTRA.
6) Esas tareas SON TUYAS./ ESAS SON LAS TUYAS.
7) Este trabajo ES EL MÍO./ESTE ES EL MÍO.
8) Esas fotos SON MÍAS./ESAS SON LAS MÍAS.
9) Estos calcetines SON TUYOS./ESTOS SON LOS TUYOS.
10) Esa manta ES TUYA./ESA ES LA TUYA.
11) Estas pizzas SON VUESTRAS./ESTAS SON LAS VUESTRAS.
12) Ese curso ES NUESTRO./ ESE ES EL NUESTRO.
13) Esos compañeros SON MÍOS./ESOS SON LOS MÍOS.
14) Este dinero ES SUYO./ESTE ES EL SUYO
15) Esa clase ES NUESTRA./ESA ES LA NUESTRA.
16) Estos libros SON TUYOS./ESTOS SON LOS TUYOS.
17) Ese perro ES VUESTRO./ESE ES EL VUESTRO.
18) Esas amigas SON SUYAS./ESAS SON LAS SUYAS.

32.
1) Hemos visto LA película TUYA.
2) Os enseñamos LA casa NUESTRA.
3) Ha recibido EL paquete MÍO.
4) He plantado LAS semillas TUYAS.
5) Hemos visitado a LA abuela VUESTRA.
6) Ha estudiado todo EL curso SUYO.
7) ¿Has practicado LOS consejos MÍOS?
8) He escuchado LA canción SUYA.
9) Miro LAS fotografías SUYAS.
10) Hemos lavado toda LA ropa TUYA.
11) He encontrado a LOS hijos VUESTROS.
12) Tengo LAS gafas SUYAS.
13) ¿Sabes algo de LA chaqueta MÍA?
14) Han encontrado LAS maletas NUESTRAS.
15) Hemos comprado LOS cuadros TUYOS.
16) Colecciono todos LOS discos SUYOS.
17) Has leído LOS mensajes SUYOS.
18) ¿Crees a LAS mentiras SUYAS?

Indefinidos y cuantitativos

33. 1

1)	Alguna	8)	Algunas
2)	Algún	9)	Algún
3)	Algunas	10)	Algún
4)	Alguna	11)	Alguna
5)	Algunos	12)	Algún
6)	Algún	13)	Algún
7)	Algún	14)	Algunos

33. 2

1)	Mucha	8)	Mucho
2)	Muchas	9)	Mucha
3)	Mucha	10)	Mucho
4)	Mucho	11)	Mucha
5)	Muchos	12)	Mucha
6)	Muchas	13)	Muchas
7)	Muchos	14)	Muchos

34.
1) No, no he visto nada raro. / Sí, he visto algo raro.
2) No, no hemos invitado a nadie. / Sí, hemos invitado a alguien.
3) No, no puedes comer nada. / Sí, puedes comer algo.
4) No, no podéis presentarme a nadie. / Sí, podéis presentarme a alguien.
5) No, no siento nada con la anestesia. / Sí, siento algo con la anestesia.
6) No, no vendrá nadie para cenar. / Sí, vendrá alguien para cenar.
7) No, no han respuesto nada. / Sí, han respuesto algo.
8) No, no se ha apuntado nadie./ Sí, se ha apuntado alguien.

9)   ¿No, no han comprado nada./ Sí, han comprado algo.
10)   No, no necesito nada./ Sí, necesito algo.
11)   No, no hemos encontrado a nadie./ Sí, hemos encontrado a alguien.
12)   No, no tienes que lleva nada./ Sí, tienes que llevar algo.
13)   No, no han hablado con nadie./Sí, han hablado con alguien.
14)   No, no he recibido nada. / Si, he recibido algo.
15)   No, no tenéis que preparar nada./Sí, tenéis que preparar algo.
16)   No, no ha ido nadie a mi casa./Sí, ha ido alguien a mi casa.
17)   No, no han despedido a nadie en mi empresa. / Sí, han despedido a alguien en mi empresa.
18)   No, no he entendido nada de la clase./ Sí, he entendido algo de la clase.

35.

1)	Algunas	10)	Algunas
2)	Ninguna	11)	Algunos
3)	Alguna	12)	Ninguna
4)	Ninguna	13)	Algún
5)	Alguna	14)	Algunas
6)	Ninguna	15)	Alguna
7)	Algunos	16)	Alguna
8)	Algún	17)	Ninguno
9)	Ninguna	18)	Algunas

36.

1)	Otro	10)	Todas
2)	Poca	11)	Demasiado
3)	Todos	12)	Otras
4)	Mucha	13)	Poco
5)	Otro	14)	Mucha
6)	Demasiado	15)	Todo
7)	Todos	16)	Demasiado
8)	Poca	17)	Otra
9)	Mucho	18)	Poco

Interrogativos

37.

1)	Quién	10)	Cuándo
2)	Cuándo	11)	Cómo
3)	Qué	12)	Quién
4)	Dónde	13)	Cuándo
5)	Cómo	14)	Qué
6)	Cuándo	15)	Dónde
7)	Cuánto	16)	Cuánto
8)	Quiénes	17)	Cómo
9)	Dónde	18)	Cuál

38.

1)	Cuál	2)	Dónde

3) Qué	11) Quiénes
4) Cuál	12) Dónde
5) Qué	13) Qué
6) Qué	14) Cuánto
7) Cómo	15) Cómo
8) Cuántas	16) Cuál
9) Cuál	17) Quién
10) Cuándo	18) Dónde

39.

1) ¿Cómo?	10) ¿Cómo?
2) ¿Cuántas?	11) ¿Cuánta? / ¿Cuántos (gramos)?
3) ¿A dónde?	12) ¿Cuánta? / ¿Cuántos (litros)?
4) ¿Cuándo?	13) ¿A quién?
5) ¿Cuál?	14) ¿A dónde?
6) ¿Cómo?	15) ¿Cuál?
7) ¿A dónde?	16) ¿Cuánto?
8) ¿Cuántas?	17) ¿Dónde?
9) ¿Dónde?	18) ¿Cuándo?

40.
1) ¿Cuántos años tiene?
2) ¿Cuándo es la conferencia?
3) ¿Cómo está tu hermano?
4) ¿Dónde está mi bolso?
5) ¿Qué necesitáis?
6) ¿Qué piensas de Lucía? / ¿Cómo es Lucía?
7) ¿A qué hora cierra la biblioteca? / ¿Cuándo cierra la biblioteca?
8) ¿Cuánto cuesta el abrigo marrón?
9) ¿Dónde está la cafetería?
10) ¿Cuántos hijos tenéis?
11) ¿Cuándo llega Sofia?
12) ¿Qué móvil tienes?
13) ¿Dónde viven tus padres?
14) ¿Cuándo abre el museo?/ ¿A qué hora abre el museo?
15) ¿Cómo va al teatro?
16) ¿Cuándo terminan las obras?
17) ¿A qué te dedicas?
18) ¿Cuánto vale la habitación doble?

Cuantiicadores

41.

1) Poca	7) Pocas	13) Muy
2) Mucho	8) Demasiado	14) Poco
3) Demasiado	9) Muy	15) Suficiente
4) Mucho	10) Muchos	16) Demasiado
5) Suficiente	11) Suficiente	17) Muchas
6) Muy	12) Mucho	18) Muy

42.

1)	ADV	10)	ADJ
2)	ADJ	11)	ADJ
3)	ADV	12)	ADV
4)	ADJ	13)	ADJ
5)	ADV	14)	ADV
6)	ADJ	15)	ADJ
7)	ADV	16)	ADJ
8)	ADJ	17)	ADV
9)	ADJ	18)	ADJ

43.

1)	Muchos	10)	Mucho
2)	Muy	11)	Muy
3)	Mucho	12)	Mucho
4)	Muchas	13)	Muy
5)	Muy	14)	Muy
6)	Muchas	15)	Muchas
7)	Muy	16)	Mucho
8)	Muchas	17)	Muy
9)	Muy	18)	Muy

44.
1) ¿Has tomado **mucho** café hoy?
2) No es muy bonito, pero cumple con su función.
3) No se siente **muy bien**, se irá a casa.
4) Tengo que rellenar **muchos** papeles.
5) Vuelve **mucho** a su pueblo.
6) Es muy temprano, ¿qué haces despierto?
7) Es una historia **muy** larga, ya te la contaré.
8) Hace mucho tiempo leí este libro.
9) Luis es un chico **muy** alto.
10) Ha girado el mundo, conoce muchos países.
11) Te enviaré **muchas** fotos del viaje.
12) Necesitamos una persona muy responsable.
13) Hemos visto **muchas** veces esta película.
14) Mi móvil no funciona **muy** bien.
15) Para registrarte necesitan muchos datos.
16) Hace **mucho** ejercicio para mantenerse en forma.
17) Hablan muy bien francés.
18) Os gusta mucho este restaurante, ¿verdad?

Numerales

45.

1)	14	4)	38
2)	9	5)	19
3)	24	6)	11

7)	55	13)	326
8)	167	14)	745
9)	500	15)	98
10)	13	16)	416
11)	222	17)	560
12)	84		

46.

1)	Trece	12)	Doscientos treinta y cinco
2)	Veinticuatro	13)	Quinientos cuarenta y cuatro
3)	Veintidós	14)	Novecientos ochenta y cinco
4)	Veintisiete	15)	Setecientos noventa y ocho
5)	Cuarenta y siete	16)	Novecientos treinta y ocho
6)	Sesenta y cinco	17)	Ochocientos cincuenta
7)	Ochenta y siete	18)	Quinientos cincuenta y dos
8)	Noventa y cuatro	19)	Ochocientos cuarenta y cinco
9)	Ochenta y nueve	20)	Quinientos cuarenta y cuatro
10)	Ciento sesenta y nueve	21)	Novecientos cuarenta y siete
11)	Ciento ventinueve		

47.

1)	Diecisiete	12)	Trescientos sesenta y dos
2)	Treinta y nueve	13)	Quinientos cuarenta y uno
3)	Sesenta y siete	14)	Setecientos veintitrés
4)	Cincuenta y nueve	15)	Novecientos cincuenta y cinco
5)	Ochenta y dos	16)	Seicientos treinta y seis
6)	Cuarenta y cuatro	17)	Setecientos ochenta y cinco
7)	Noventa y seis	18)	Ochocientos catorce
8)	Ciento veintisiete	19)	Novecientos cuarenta y tres
9)	Ciento cincuenta y dos	20)	Cuatrocientos noventa y seis
10)	Ciento ochenta y ocho	21)	Quinientos ochenta y cuatro
11)	Doscientos veintinueve		

48.

1)	Primero	11)	Undécimo
2)	Segundo	12)	Duodécimo
3)	Tercero	13)	Décimo tercero
4)	Cuarto	14)	Décimo cuarto
5)	Quinto	15)	Décimo quinto
6)	Sexto	16)	Décimo sexto
7)	Séptimo	17)	Décimo séptimo
8)	Octavo	18)	Décimo octavo
9)	Noveno	19)	Décimo noveno
10)	Décimo	20)	Vigésimo

Relativos

49.

1)	que	3)	que
2)	donde	4)	cuyo

5) que
6) cuyas
7) que

8) que
9) donde
10) cuya

50.
1) -
2) He encontrado un gato QUE es negro.
3) ¿Os gusta esta tarta de manzana QUE he hecho hoy?
4) Habéis visto un documental de historia QUE es interesante.
5) He comprado un coche nuevo QUE va muy rápido.
6) La vecina de arriba tiene un perro QUE es pequeño.
7) Vamos a la heladeria QUE se encuentra cerca de la estación.
8) Esta tarde van a ver una película QUE ha ganado un Óscar.
9) Me has preparado una taza de leche está muy caliente.
10) Han enviado un archivo a través del correo QUE no se puede abrir porque está dañado.
11) Ha decorado una casa QUE es de un actor famoso.
12) He encontrado a un chico QUE es tu amigo.
13) Julián ha cogido un tren QUE lleva un retraso de treinta minutos.
14) Ha comprado un móvil online QUE no funciona.

51.
1) Que
2) Donde
3) Que
4) Cuyo
5) Donde
6) Que
7) Cuyas
8) Donde
9) Que
10) Que
11) Donde
12) Que
13) Que
14) Que
15) Donde
16) Cuyos

52.
1) Los que
2) Los que
3) El que
4) La que/ quien
5) La que
6) La que
7) El que
8) Los que
9) La que
10) Los que
11) La que
12) Los que
13) El que
14) El que
15) La que

Verbos Ser y Estar

53.
1) Es
2) Son
3) Somos
4) Es
5) Son
6) Es
7) Sois
8) Son
9) Es
10) Son
11) Son
12) Es
13) Soy
14) Somos
15) Eres
16) Es

17) Son

54.
1) Está
2) Están
3) Están
4) Está
5) Está
6) Estamos
7) Está
8) Está
9) Están
10) Están
11) Están
12) Está
13) Estáis
14) Estoy
15) Está
16) Estamos
17) Está
18) Están

55.
1) Es
2) Están
3) Son
4) Está
5) Es
6) Son
7) Estoy
8) Están
9) Es
10) Estamos
11) Es
12) Está
13) Está
14) Son
15) Están
16) Son
17) Está
18) Está
19) Está
20) Estáis
21) Es
22) Es

56.
1) Los cristales están limpios.
2) La cena está lista.
3) Las entradas están agotadas.
4) Las zapatillas son/están nuevas.
5) Patricia está nerviosa.
6) La ropa está seca.
7) Las tías de Marcos son simpáticas.
8) Las patatas están saladas.
9) Mario está cansado.
10) Mis ojos son azules.
11) Todas las toallas están sucias.
12) Los discos están viejos.
13) Las posibilidades de ganar son numerosas.
14) Andrea está resfriado.
15) Las estrellas son luminosas.
16) Las flores son amarillas.
17) La montaña está lejos de aquí.
18) Los deberes son difíciles.

Presente de Indicativo: regular e irregular

57.
1) Mira

2) Vivimos

3)	Bailan	11)	Deciden
4)	Rompo	12)	Responde
5)	Permite	13)	Partimos
6)	Leo	14)	Dejas
7)	Habla	15)	Aprendo
8)	Corres	16)	Sube
9)	Prometéis	17)	Escuchamos
10)	Trabajáis	18)	Bebe

58.

1)	Cantas	10)	Bebe
2)	Comen	11)	Nadan
3)	Guardamos	12)	Trabaja
4)	Estudia	13)	Dejáis
5)	Viven	14)	Pintamos
6)	Ayudas	15)	Viajan
7)	Deciden	16)	Recibe
8)	Llama	17)	Cocinamos/cocinan
9)	Aman	18)	Regala

59.

1)	Pensáis	10)	Tiene
2)	Cierra	11)	Dicen
3)	Pides	12)	Huyes
4)	Vamos	13)	Despertamos
5)	Soy	14)	Sirvo
6)	Están	15)	Quieren
7)	Conocen	16)	Cuesta
8)	Traducís	17)	Pierden
9)	Vemos	18)	Hacéis

60.

1)	Sé	10)	Traéis
2)	Das	11)	Oigo
3)	Pone	12)	Sigue
4)	Cierro	13)	Visto
5)	Decimos	14)	Confieso
6)	Venís	15)	Duermes
7)	Puedo	16)	Entienden
8)	Hago	17)	Vuelvo
9)	Encuentras	18)	Juegan

Imperativo de Tú y Vosotros regular e irregular

61.

1)	Escucha	6)	Come
2)	Toma	7)	Habla
3)	Conduce	8)	Canta
4)	Baja	9)	Conoce
5)	Escribe	10)	Estudia

11) Abre
12) Trabaja
13) Llama
14) Corre

15) Compra
16) Sube
17) Espera

62.
1) Di
2) Vuelve
3) Haz
4) Ten
5) Cierra
6) Sé
7) Piensa
8) Manten
9) Pon

10) Ven
11) Empieza
12) Oye
13) Sigue
14) Duerme
15) Juega
16) Sal
17) Ve
18) Acierta

63.
1) Haced
2) Decid
3) Pensad
4) Cantad
5) Preguntad
6) Vivid
7) Llamad
8) Sonreíd

9) Visitad
10) Probad
11) Mostrad
12) Explicad
13) Descansad
14) Aprended
15) Perded

64.
1) Busca
2) Mirad
3) Sentid
4) Apoya
5) Recibid
6) Promete
7) Intentad
8) Sé
9) Bebed
10) Ven

11) Paga
12) Elegid
13) Calla
14) Id
15) Trae
16) Destruye
17) Corred
18) Conduce
19) Escribe
20) Llamad

Reflexivos

65.
1) Se corta
2) Os ducháis
3) Me intereso
4) Nos alegramos
5) Se calma
6) Me atrevo
7) Te preocupas
8) Se escriben
9) Nos llamamos

10) Me cuido
11) Te tiras
12) Se baña
13) Me arriesgo
14) Nos limpiamos
15) Me pinto
16) Se quita
17) Te lanzas
18) Os compráis

66.
1) Me lavo
2) Te despides
3) Se maquilla
4) Te enfadas
5) Se olvidan
6) Se afeita
7) Os relajáis
8) Me peino
9) Se aman
10) Se aburre
11) Te bañas
12) Os levantáis
13) Nos casamos
14) Me callo
15) Te alejas
16) Se mira
17) Nos curamos
18) Se toca

67.
1) Se acuestan
2) Me caigo
3) Te duermes
4) Nos recordamos
5) Se satisface
6) Se sientan
7) Nos vestimos
8) Me conozco
9) Te despiertas
10) Os esforzáis
11) Se divierten
12) Nos acordamos
13) Me voy
14) Se pierden
15) Os mentís
16) Te encuentras
17) Se quieren
18) Me parezco

68.
1) Se cepillan
2) Os movéis
3) Me aflijo
4) Se seca
5) Me pongo
6) Se ven
7) Te untas
8) Me dirijo
9) Se quita
10) Os confundís
11) Se echan
12) Me protejo
13) Me meto
14) Se fijan
15) Te pruebas
16) Se muda
17) Nos corregimos
18) Se escuchan

Infinitivo

69.
1) Comer
2) Leer, mirar
3) Decir
4) Deber
5) Visitar
6) Conseguir, invertir
7) Entender
8) Estudiar
9) Dormir
10) Estar
11) Atardecer
12) Conocerte
13) Llegar

70.
1) Llegar
2) Fumar
3) Visitar
4) Recibir
5) Preparar
6) Comprar

7)	Esperar	13)	Despertarse
8)	Leer, aprobar	14)	Enviarle
9)	Llegar	15)	Hacer, adelgazar
10)	Ir	16)	Veros
11)	Ver	17)	Soplar
12)	Mover	18)	Utilizar

71.

72.
1) Usa las zapatillas nuevas para ir más rápido.
2) Ha venido a la fiesta sin saludar a nadie.
3) Se le ha acumulado trabajo por irse de vacaciones.
4) Me siento mejor por dejar de fumar.
5) Se ha ido de la clase sin pedir permiso.
6) Miran una película para distraerse.
7) Me levanto temprano para trabajar mejor.
8) Han enviado el texto sin revisarlo.
9) Escuchamos música para animarnos
10) Le dolía la barriga por comer mucho.
11) Se ha quedado con nosotros durante la mudanza sin ayudarnos
12) Tomo muchas infusiones para adelgazar.
13) Le duelen los músculos por hacer mucho ejercicio.
14) Me ha contestado que está de acuerdo, sin leer el mensaje.

Verbo gustar y similares

73.
1)	Me interesa	10)	Te alegra
2)	Le disgusta	11)	Les molesta
3)	Os agrada	12)	Le impresiona
4)	Te duele	13)	Nos aburre
5)	Nos cansa	14)	Te divierte
6)	Les importa	15)	Me asusta
7)	Le encanta	16)	Os parece
8)	Me disgusta	17)	Les apetece
9)	Os falta	18)	Le fascina

74.
1)	Me da miedo	10)	Les divierte
2)	Le repugna	11)	Le cae
3)	Os duele	12)	Os disgusta
4)	Te quedan	13)	Me interesan
5)	Le favorece	14)	Te parece
6)	Les agrada	15)	Les cansan
7)	Me hace	16)	Os encanta
8)	Te faltan	17)	Le asustan
9)	Nos apetece	18)	Nos fascinan

75.

1) **Sujeto:** Yo **Objeto directo:** la música alta
2) **Sujeto:** Ellos/Ellas **Objeto directo:** la Sagrada Familia
3) **Sujeto:** Nosotros/Nosotras **Objeto directo:** las películas de terror
4) **Sujeto:** Vosotros/Vosotras **Objeto directo:** la fiesta del pueblo
5) **Sujeto:** Él/Ella **Objeto directo:** dormir sola de noche
6) **Sujeto:** Yo **Objeto directo:** comer japonés
7) **Sujeto:** Tú **Objeto directo:** las culturas extranjeras
8) **Sujeto:** Él/Ella **Objeto directo:** los dientes
9) **Sujeto:** Vosotros/Vosotras **Objeto directo:** los viajes a África
10) **Sujeto:** Nosotros/Nosotras **Objeto directo:** dinero
11) **Sujeto:** Yo **Objeto directo:** el éxito del negocio
12) **Sujeto:** Ellos/Ellas **Objeto directo:** los documentales
13) **Sujeto:** Tú **Objeto directo:** caminar descalzo
14) **Sujeto:** Él/Ella **Objeto directo:** viajar en tren
15) **Sujeto:** Nosotros/Nosotras **Objeto directo:** las noches de verano
16) **Sujeto:** Yo **Objeto directo:** las vacaciones
17) **Sujeto:** Vosotros/Vosotras **Objeto directo:** la historia
18) **Sujeto:** Tú **Objeto directo:** los hombres altos

76.
1) Te impresionan
2) Me duele
3) Os agradan
4) Le apetece
5) Nos cae bien
6) Te atrae
7) Le fastidia
8) Me favorece
9) Os aburren
10) Les disgusta
11) Te faltan
12) Les hace gracia
13) Me cansa
14) Le repugnan
15) Nos da miedo
16) Les divierten
17) Le queda bien
18) Os importan

Perífrasis verbales de infinitivo

77.
1) Dejar DE
2) Ir A
3) Empezar A
4) Volver A
5) Acostumbrar A
6) Tener QUE
7) Ponerse A/CON
8) Meterse EN/CON
9) Romper CON/A
10) Terminar DE/POR
11) Decidirse A/POR
12) Venir A/DE
13) Llegar A
14) Deber DE
15) Pasar DE/A
16) Haber QUE
17) Comenzar A
18) Acabar DE / CON

78.
1) Acabamos
2) Empiezan
3) Venís
4) Puesto
5) Estaba
6) Deja
7) Llegado
8) Tienen
9) Suelen
10) Vuelvo
11) Acostumbrado
12) Decide

13) Debéis
14) rompes a

15) Comienzan

79.

1) Se pone
2) Voy
3) Suele
4) Se echa
5) Vienen
6) Han
7) Debe
8) Tienes

9) Prefiero
10) Se pone
11) Quieren ir
12) Dejo
13) Deja
14) Pueden
15) Voy
16) Han

80.

1) Acabo de
2) Dejas de
3) Suelo
4) Echa
5) Tardan en
6) Tenemos que
7) Volvemos a
8) Puedes

9) Acabo de
10) Llego a
11) Viene a
12) Vas a
13) Echa a
14) Suele
15) Puedo, prefiero
16) Decide a

Preposiciones y locuciones prepositivas

81.

Las paredes **de** mi casa son tan finas que puedo escuchar todas las conversaciones **de** mis vecinos. El otro día él le preguntó **a** ella si había visto sus calcetines favoritos y ella le preguntó cuál eran, porque no sabía que tenía unos calcetines favoritos. Entonces él hizo una pausa y le contestó después **de** un largo suspiro «¿No sabes cuáles son?» y siguió diciéndole que eran los que le había regalado su madre **para** Navidad. Eran los que llevaban una ola **de** mar dibujada y unas gaviotas **a** la altura **del** tobillo. Ella se echó **a** reír y luego silencio. Escuché pasos que se alejaban y luego otra vez volvían **a** estar cerca y dijo ella «¿Son estos? ¡Pensaba que eran **del** niño!»

82.

1) En
2) De
3) En
4) Del
5) De
6) De
7) De
8) A
9) De

10) A
11) De/desde
12) En
13) A
14) Hasta
15) De
16) A
17) De
18) A

83.

1) Te voy a llamar <u>antes de</u> medionoche.
2) Han encontrado el anillo <u>debajo de</u> la cama.

3) <u>Por causa de</u> la tormenta hemos llegado tarde.
4) Ana ya está de viaje <u>rumbo a</u> Colombia.
5) <u>A pesar de</u> todo el ruido, te he entendido perfectamente.
6) El supermercado está <u>junto al</u> banco.
7) Suben los precios <u>a partir de</u> abril.
8) Ha encontrado piso <u>cerca de</u> su trabajo.
9) <u>Debido al</u> mal tiempo han cancelado el vuelo.
10) He aprobado el examen <u>gracias a</u> ti.
11) <u>Detrás de</u> la mesa van a poner un sofá.
12) Siempre interrumpe <u>en medio de</u> la conversación.
13) Vamos al cine <u>en compañía de</u> mis tíos.
14) <u>En cuanto a</u> su profesión, nunca ha dado detalles.
15) <u>Dentro de</u> media hora la cena estará lista.
16) Han hablado <u>a favor de</u> todos.
17) <u>En vez de</u> quejarte, reacciona.
18) <u>Por delante de</u> todo está mi familia.

84.
1) <u>Gracias a</u>
2) <u>Antes de</u>
3) <u>A pesar de</u>
4) <u>Lejos de</u>
5) <u>Después de</u>
6) <u>Acerca de</u>
7) <u>Junto con</u>
8) <u>A causa del</u>
9) <u>Delante del</u>
10) <u>Delante de</u>
11) <u>A cargo de</u>
12) <u>Cerca de</u>
13) <u>En medio del</u>
14) <u>Frente al</u>
15) <u>A partir de</u>
16) <u>Encima de</u>
17) <u>Antes de</u>
18) <u>Acerca de</u>

Referencias temporales

85.
1) <u>Todos los días</u>
2) <u>Por las tardes</u>
3) <u>Nunca</u>
4) <u>Una vez al año</u>
5) <u>Todos los meses</u>
6) <u>Los jueves</u>
7) <u>Casi nunca</u>
8) <u>A veces</u>
9) <u>Por las mañanas</u>
10) <u>Siempre que puedo</u>
11) <u>Casi siempre</u>
12) <u>Los sábados</u>
13) <u>Cada día</u>
14) <u>Una vez a la semana</u>
15) <u>Por las noches</u>
16) <u>A menudo</u>
17) <u>Cada semana</u>
18) <u>Ahora</u>

86.

87.
1) 10:30 diez y media
2) 6:25 seis y veinticinco
3) 15:45 tres/quince y cuarenta y cinco – cuatro menos cuarto
4) 20:10 ocho/veinte y diez
5) 09:30 nueve y media

6)   18:00 dieciocho/ seis
7)   14:55 dos/catorce y cincuenta y cinco – tres menos cinco
8)   11:20 once y veinte
9)   16:40 cuatro/dieciseis y cuarenta – cinco menos veinte
10) 21:15 nueve/veintiuno y quince/cuarto
11) 07:05 siete y cinco
12) 02:45 dos y cuarenta y cinco – tres menos cuarto
13) 12:10 doce y diez
14) 17:35 cinco/diecisiete y treinta y cinco
15) 14:30 dos/catorce y media/ treinta
16) 22:50 diez/veintidós y cincuenta – once menos diez
17) 12:35 doce y treinta y cinco
18) 04:25 cuatro y veinticinco
19) 18:10 seis/dieciocho y diez
20) 14:50 dos/catorce y cincuenta-tres menos diez

88.

1) Había una vez	10) Ayer
2) Finalmente	11) Después
3) Luego	12) Más tarde
4) En primer lugar	13) Inicialmente
5) Antes de que	14) Recientemente
6) Pronto	15) Tiempo atrás
7) Al comienzo	16) Hace un año
8) Hace un mes	17) Posteriormente
9) Primero	18) Mañana

Referencias espaciales

89.

1) Dentro del	
2) Al lado de	11) Por debajo del
3) Sobre	12) Delante de
4) Al final del	13) Debajo de
5) Detrás de	14) Por encima de
6) En el medio de	15) Externamente
7) Fuera del	16) Frente a
8) Por	17) Por la izquierda
9) En el centro de	18) Junto al
10) Arriba	

90.
1)   Pasamos por debajo **de** tu casa.
2)   Te espero delante de la parada del bus.
3)   Fuera **de** la estación no hay ni un taxi.
4)   Mientras llovía, nos protegimos bajo un balcón.
5)   Durante **el** viaje empezó a sentirse mareado.
6)   He encontrado una foto dentro **del** libro de geografía.
7)   Voy a poner una planta en el medio del salón.

8) No recuerdo si tu casa está **por la** izquierda.
9) Encontré a Luis dentro del metro.
10) Mis padres viven **al** lado de mi piso.
11) La habitación de María está junto a la de Ana.
12) No escondas las llaves debajo de la alfombra.
13) Se me ha caído algo detrás **de** la cama.
14) Externamente parece un restaurante de lujo.
15) Me he encontrado este gato **al** fondo de una calle de mi barrio.
16) Te he dejado la cena sobre la mesa.
17) Tiene una casa bonita justo **en** frente de la playa.
18) Siempre mira hacia arriba, le gustan las estrellas.

91.

92.
1) Nadie puede estar **por encima** de la ley.
2) Por **fuera**, la casa de Maribel no se ve bonita, pero por **dentro** te sorprende.
3) El documento está en el **fondo** del cajón.
4) Pon una manta **encima** de la cama.
5) El puerto está **a la** izquierda de la playa.
6) Cuidado, debajo **del** coche hay mucho aceite, es peligroso.
7) Los menús están **sobre** las mesas.
8) No conozco a los vecinos que viven al **lado** de mi piso.
9) ¿Están las llaves **dentro** de tu bolso?
10) Encuentras el jersey en el armario, arriba **de** todo.
11) **Debajo** de la plaza hay unos subterráneos misteriosos, muy antiguos.
12) Por **dentro**, la mochila tiene muchos bolsillos.
13) Los anuncios están **en** medio de la revista.
14) Mi coche está aparcado al **lado** del tuyo.
15) No vivimos en **el** centro, sino en las afueras **de** la ciudad.
16) ¿Adivina quién estaba justo en **frente** de mi casa?

Adverbios

93.
1) A Estéban la tortilla de patatas le sale muy <u>mal</u>.
2) Hay <u>bastante</u> viento hoy en San Sebastián.
3) <u>Finalmente</u>, decidieron volver a casa de sus abuelos.
4) El tren hacia casa iba muy <u>despacio</u>.
5) Cuidado cuando salgas, está lloviendo <u>mucho</u>.
6) Sabe solucionar los problemas <u>inteligentemente</u>.
7) Ya has hecho <u>demasiado</u>, déjame ayudarte.
8) Estoy ocupado, pero voy a llamarte <u>enseguida</u>.
9) Voy a teatro, ¿vienes tú <u>también</u>?
10) No tomes decisiones <u>precipitadamente</u>.
11) Mariana es psicóloga, dicen que trabaja <u>bien</u>.
12) <u>Últimamente</u> he dormido <u>poco</u>, necesito descansar.
13) <u>Mientras</u> me ducho, pongo la música.
14) Habláis muy <u>deprisa</u>, a veces no os entiendo.
15) Le puedes explicar todo <u>tranquilamente</u>.

16) <u>De vez en cuando</u> quedamos para un café.
17) A Felipe <u>tampoco</u> le gusta la montaña.

94.

1)	Manera	10)	Manera
2)	Cantidad	11)	Manera
3)	Tiempo	12)	Tiempo, cantidad
4)	Manera	13)	Tiempo
5)	Cantidad	14)	Manera
6)	Manera	15)	Manera
7)	Cantidad	16)	Tiempo
8)	Tiempo	17)	Negación
9)	Afirmación		

95.

1)	Rápidamente	10)	Tremendamente
2)	Elegantemente	11)	Claramente
3)	Tímidamente	12)	Amablemente
4)	Difícilmente	13)	Seguramente
5)	Cortésmente	14)	Afortunadamente
6)	Profundamente	15)	Enormemente
7)	Firmemente	16)	Fácilmente
8)	Realmente	17)	Lentamente
9)	Felizmente	18)	Constantemente

96.

1)	Bien	10)	Claro
2)	Suficientemente	11)	Peor
3)	Mejor	12)	Probablemente
4)	Obviamente	13)	Casi
5)	Acaso	14)	Menos, mejor
6)	Rápidamente	15)	De vez en cuando
7)	A menudo	16)	Ocasionalmente
8)	Mal	17)	Despacio
9)	Solamente	18)	Secretamente

Haber y las oraciones impersonales

97.
1) Hemos ido al cine el viernes.
2) <u>Hay</u> once grados, no hace tanto frío.
3) Han venido expresamente para la conferencia.
4) Ha llamado al director del hotel para quejarse.
5) <u>Hay</u> un grupo de personas que hace ruido.
6) Habéis trabajado mucho, os lo merecéis.
7) He visto la película que me aconsejaste.
8) <u>Hay</u> mucho tráfico, llegaré tarde.
9) En el medio del bosque <u>hay</u> un castillo.

10) Han querido cambiar de planes al último momento.
11) Ha intuido que algo iba mal, es muy sensible.
12) <u>Hay</u> unos señores preguntando por ti.
13) Hemos vuelto de madrugada, estamos cansados.
14) Creo que <u>hay</u> poca gente en la peluquería.
15) He dormido mucho, me he despertado muy bien.
16) <u>Hay</u> bastante cola en el banco, iré mañana.
17) Ya no <u>hay</u> mantequilla, cómprala por favor.

98.

1)	Hay	7)	Hay	13)	Hay
2)	Está	8)	Está	14)	Está
3)	Hay	9)	Hay	15)	Hay
4)	Hay	10)	Están	16)	Están
5)	Está	11)	Hay	17)	Hay
6)	Están	12)	Está	18)	Está

99.

1)	Se piensa/Piensan	10)	Se cree/Creen
2)	Anochece	11)	Huele
3)	Es/Son suficiente	12)	Se pone/Ponen
4)	LLueve	13)	Graniza
5)	Se da importancia/Dan	14)	Se pasa/Pasan de
6)	Se trata	15)	Basta/Bastan
7)	Nieva	16)	Falta/Faltan
8)	Se dice/Dicen	17)	Truena
9)	Atardece		

100.

1) Se pasa
2) Se trabaja
3) Se ve
4) Se leen
5) Se bebe
6) Se come
7) Se gasta
8) Se baila
9) Se suelen
10) Se mira
11) Se oyen
12) Se usa
13) Se venden
14) Se respetan
15) Se juega
16) Se cocina
17) Se habla
18) Se hace

100
ejercicios de
ESPAÑOL

Printed in Germany
by Amazon Distribution
GmbH, Leipzig